SAUL LEITER

Saul Leiter

Introduction de Max Kozloff

PHOTO POCHE • *ACTES SUD*

*La collection Photo Poche a été publiée
de 1982 à 1996 par le Centre national de la photographie
avec le concours du ministère de la Culture.
Robert Delpire qui l'a créée en assure la direction,
en collaboration avec Benoît Rivero, directeur adjoint.*

Légende de la couverture :
Neige, vers 1960.

ISBN : 978-2-7427-6969-8

Ouvrage réalisé avec la collaboration de Idéodis Création,
achevé d'imprimer en novembre 2007 sur les presses d'EBS à Vérone

Imprimé en Italie / Printed in Italy

L'ÉLÉGANCE DE SAUL LEITER

Etre inconnu, me confiait Saul Leiter, lui a toujours paru une position des plus confortable. C'est là une conception devenue si atypique chez nos créateurs contemporains que la tentation est forte en effet de la rattacher à une tout autre époque – en l'occurrence, les années 1950, période où les artistes américains étaient encore peu à même de gérer leur notoriété, voire mal à l'aise face au succès ou à la célébrité. Les représentants de l'avant-garde, tout en aspirant en secret à l'attention des médias, craignaient de galvauder leur authenticité révolutionnaire au contact d'une culture de masse que plus d'un poète ou compositeur et nombre de peintres jugeaient irrémédiablement affligée de facilité et de vulgarité. Leiter était proche d'un groupe de tels peintres – la deuxième génération des expressionnistes abstraits, qui exposaient à la Tanager Gallery, tout près de chez lui à New York –, artistes dont le travail exigeant ne pouvait trouver grâce auprès du grand public et qui s'estimaient dès lors fondés à se voir comme des "ratés", terme non dénué d'un certain prestige au sein de leur cercle.

Bien que d'abord monté à New York pour s'y lancer dans la peinture, Saul Leiter y travaillait en fait comme photographe : de la fin des années 1950 aux années 1980, il y gagna sa vie en réalisant des reportages de mode pour le compte de magazines comme *Elle*, *Nova* ou *Esquire*, qu'il alimentait en images chic, d'un très haut niveau et souvent sans états d'âme.

Quant à son travail personnel de photographe de la vie urbaine, acteur de ce qui se nommera la *Street Photography* – un regard qui, bien que resté occulté jusqu'à récemment, constitue un volet essentiel de toute cette période –, Leiter, du haut de son "refus dédaigneux de se mettre en avant" (pour citer un critique), se refuse à lui accorder aucune espèce de nouveauté ou d'intérêt pour le spectateur actuel.

Aussi sincère que soit de sa part ce jugement, il est pourtant erroné, et sans doute faut-il l'interpréter moins même comme une survivance de l'esthétique moderniste de la rupture, qu'à la lumière du respect empreint de modestie du photographe vis-à-vis de ses chers grands maîtres d'hier. Toutefois, un regard même distrait aux photographies rassemblées dans ce livre aura vite fait de persuader le lecteur que Saul Leiter n'est en rien un traditionaliste, mais bien plutôt un des grands acteurs de la rénovation du regard photographique, audacieux pour son époque tout autant que pour la nôtre, à l'évidence.

S'il est vrai que les photographes de mode ont souvent un côté touche-à-tout, Leiter est un touche-à-tout qui sait faire preuve de maîtrise – et d'originalité – dans chaque registre qu'il aborde, bousculant tour à tour les signes et les rituels du nu, du portrait, de la nature morte ou du reportage urbain. Cette souple hybridation des normes en matière d'images est même un des traits les plus saillants de son travail, déployant une telle versatilité dans la subversion des codes que souvent le spectateur se retrouve hésitant au moment d'identifier à quel genre au juste appartient tel ou tel cliché.

De quel droit, par exemple, un "détail" aussi insignifiant que la semelle d'un brodequin d'ouvrier (photo n° 63), photographiée du point de vue d'une fourmi, en vient-il à investir tout le champ de tel cliché au détriment de toute l'animation du trottoir ? Ou à quel titre le mobilier envahit-il soudain cette autre vue (photo n° 38), occultant la souple figure d'un nu féminin ? En de telles images, tantôt le contexte scénographique fait défaut, tantôt il se présente comme expressément décalé et hors de propos. Pourtant ce que font affleurer de tels aspects du travail de Leiter n'est nullement des erreurs d'interprétation, mais bien au contraire les trouvailles d'une perception exceptionnellement aiguë, s'attachant tour à tour à des éléments qui se trouvent sous-jacents ou tangents, voire se mettent en travers du sujet apparent de la prise de vue. Le photographe enchevêtre pêle-mêle avant-plan et arrière-plan jusqu'à intervertir leur place – effet de surprise garanti ! Quant au contenu narratif ainsi rendu insaisissable, il renvoie aussi à son attirance pour cet affolant manège, ce véritable kaléidoscope qu'est la vie de New York. Le résultat de ses reconfigurations apparemment subversives en devient tout à la fois insolite et parfaitement quotidien. "A tous les coups, aurait conclu Sherlock Holmes, rien de plus bizarre que le banal."

Là s'arrête bien sûr toute comparaison entre le limier obsessionnel de Conan Doyle et ce flâneur poétique qu'est Saul Leiter ! Mais qui eût cru que son regard perpétuellement aux aguets trouverait autour de lui tant de mystère à débusquer ?

Voyez la photographie n° 8 : trois hommes en chapeau passent devant nous, deux vers la gauche, le troisième en sens inverse. Dans cette rencontre fortuite, une jambe, orientée vers l'angle inférieur droit, est masquée à partir du genou, de sorte qu'on ne sait plus bien de quel côté elle se dirige, ni même auquel des personnages elle peut appartenir – et le pied, qui seul résoudrait pour nous cette ambiguïté, nous est justement dérobé lui aussi. Dans un autre cliché, une charmante évocation du monde de la mode (photo n° 11), on ne saurait dire si les mains qui enserrent le mannequin dressé à côté du modèle sont faites de plâtre ou bien de chair. Là encore, entre ce que nous aurions cru voir et ce que nous en montre en fait la vision instantanée de l'appareil photo – et aussi indémêlable que cela soit –, c'est ce second point de vue que le photographe choisit de privilégier. Ainsi ces lattis (tel celui de la photo n° 21) qui sont un des motifs caractéristiques de Leiter, dont les segments de verre verticaux fragmentent le reflet de la rue en segments discontinus, comme une carte touristique impossible à replier : on voit ici combien, aussi rebelles qu'elles puissent apparaître de prime abord, les choses accèdent chez lui à une logique nouvelle à travers les rythmes et les accords que le cadrage leur imprime.

Les années 1950 furent un tournant dans l'histoire de la photographie new-yorkaise, un moment turbulent et contrasté. La photographie n'était guère encore perçue comme une discipline artistique, même si beaucoup l'abordaient avec une ambition sérieuse. Ceux-là connaissaient assurément leurs admirables devanciers européens – les Henri Cartier-Bresson, André Kertész ou Lisette Model – et pouvaient s'appuyer sur une vraie tradition documentaire nationale, certes délaissée par les milieux militants de la Photo League, mais toujours florissante sous les auspices cosmopolites de l'agence Magnum. Le directeur artistique Alexey Brodovitch, pape du design et de la mode, avait fait date avec son livre sur le ballet, un hymne bougé au corps en mouvement, et William Klein, l'Américain de Paris, avait donné à voir un New York capitaliste et graveleux, bardé d'enseignes jusqu'au vertige. Quant à Saul Leiter, et bien qu'il travaillât en parallèle avec Robert Frank, il était plus proche dans son inspiration de Louis Faurer, chroniqueur élégiaque de la métropole comme un dédale de demi-jours et d'espoirs flétris.

Dans ce contexte très ouvert, Leiter partageait nombre des thèmes qu'exploraient ses pairs, mais son approche personnelle est bien plus nettement évocatrice, au sens premier du mot : où ses confrères suggéraient occasionnellement la "vie seconde" des ombres et des mouvements erratiques, lui s'y appesantissait de la manière la plus délibérée. Le passant qui aurait regardé dans la même direction que son objectif eût été bien intrigué, car il n'y aurait rien vu de spécial : le talent du photographe consiste précisément à faire surgir des événements virtuels là où il ne semble se trouver rien de particulier.

Plutôt qu'à des scènes, on est en fait confronté à des scénographies, à des décors avec personnages. Les événements que capte l'objectif de Leiter sont ordinaires, discrets voire furtifs, presque perdus en regard du relief que reçoivent les moindres particularités de la lumière, du contraste, des gradations et de la tonalité. Les figures humaines y sont traitées d'abord en tant que formes ; ensuite seulement on y reconnaît ici un colporteur ou un boutiquier du trottoir, là un homme lisant son journal. C'est un univers d'échos et de ricochets, saisi sous des angles qui remettent à plat ces présences diverses qui animent l'espace urbain. En même temps, la gamme de gris du film noir et blanc contribue à masquer la distinction entre présences manifestes et devinées, installant une atmosphère où viendront flotter pour longtemps les échos visuels. Sans cesse le photographe s'attache à rendre les phénomènes les plus indistincts sous la forme de touches sensibles – et si ces apparences suggérées viennent suspendre le dialogue entre les formes elles-mêmes, c'est encore mieux !

Prenons pour exemple le cliché fameux d'un homme vu à travers la vitrine d'une gargote (photo n° 5) : se superposant à lui depuis l'extérieur, le pan d'ombre du reflet du photographe dans la vitrine souligne la tache claire du profil du visage de l'homme mais aussi le dos scintillant d'une cuiller, émergeant d'une tasse de café posée sur un comptoir à l'écart. Cette image, qui au premier coup d'œil se présentait comme une scène de rue, se transforme alors en une nature morte ; elle est méditation et en même temps elle est un geste – et on devine l'infinie mobilité qu'il fallait à Leiter pour parvenir à saisir sur le vif ce fugitif instant de quiétude. Car si la sensation ne se fait pas forcément plus aiguë dès l'instant où l'objet de son attention est en déplacement – ni d'ailleurs lorsque l'observateur lui-même est actif –, c'est bel et bien une acuité perceptive de cet ordre précisément qui fait tout le prix du travail de Saul Leiter lorsque, maniant ainsi une touche de lumière en guise de chiffon, il nous fait entrevoir une ville aux gestes soudain suspendus, mais riche de sous-entendus.

Parallèlement à cette vision en noir et blanc de la ville en ses quartiers et ses figures, Saul Leiter pratiqua aussi la photo couleur, sans délaisser son point de vue propre mais avec des résultats sensiblement différents. Parmi les photographes qui hantèrent les rues du New York des années 1950, il se distingue en ce qu'il semble jouer de sa caméra comme d'un thermomètre tout autant que d'un appareil optique. Tel est du moins ce que suggère son travail chromatique pionnier, qui dépeint la ville à travers les écrans de zones de température ostensiblement différentes : entre le lieu où il se tient, souvent dans l'ombre, et ce qu'il regarde, la température n'est pas la même. Depuis son poste d'observation, Leiter affectionne la neige et ne recule pas devant une averse, y manifestant même (photo n° 19) un plaisir encore ravivé par la suggestion de la position abritée – au sens propre comme au sens psychologique – d'où il guette. Il transforme ainsi un champ de parapluies en un spectacle empreint de lyrisme, ménageant certaines zones de flou où se manifeste son attirance sensuelle pour leur texture duveteuse ou leur aspect mousseux ; quant aux surfaces vitrées, le spectateur se retrouve dans l'incapacité de dire si elles fonctionnent comme miroir ou plutôt comme voile, ainsi quand la buée de condensation sur les vitres – un autre des sujets favoris du photographe, voir par exemple la photographie n° 32 – vient estomper les contours des choses et des êtres. En toutes ces situations, visibilité et météorologie concourent à se rendre mutuellement aimables et Leiter en prend la pleine mesure, comme savourant le poids aérien de l'atmosphère elle-même, y compris et surtout en ses diverses influences sur le corps.

Restituant ainsi les teintes de la ville, on voit toutefois le photographe orchestrer les éléments de la composition beaucoup plus étroitement que dans ses photos en noir et blanc – en partie sous la contrainte de la moindre sensibilité de la pellicule couleur. Plutôt que de pointer sa caméra vers des scènes sur le point de se dissoudre ou s'effacer, il s'attache à les construire avec une nonchalance étudiée. Mais, par la grâce de l'instant où son regard se tend, la couleur fait entrer en jeu de nouvelles fantaisies sensorielles. Si Leiter avait été compositeur de musique, les basses correspondraient à ses accords de couleur, manifestés par les enseignes, et le registre aigu à des filigranes de lumière et de nuances, dans des tons distincts et modulés. Chacune de ses photos en couleurs a une tonalité dominante, généralement en mineur – songeons à ses tons gris, lilas, vert terre de Sienne, bleu lavande ou brun orangé, toujours mariés avec une certaine réserve et selon des contrastes atténués –, en une palette assourdie dont le moins qu'on puisse dire est qu'elle ne s'accorde guère avec l'idée qu'on se fait de la dureté de la ville. Impossible de songer au hurlement des sirènes ou au charivari des disputes dans ce paisible univers de surfaces, où des visages passent tels des figurants, chacun absorbé dans sa propre histoire. Le tohu-bohu de la vie new-yorkaise y apparaît atténué et, comme par miracle, plus harmonieux sous l'œil du photographe qu'il ne l'était dans la réalité. Les mouvements semblent ralentis, offerts à la rêverie de cet observateur extérieur qui suspend le scintillement bigarré de la vie réelle par la seule autorité de son regard.

Ainsi, tout en abordant la métropole avec beaucoup de fraîcheur, il lui confère une sorte de patine, filtrée à travers un regard rétrospectif et historique qui semble davantage celui d'un Européen que d'un Américain. Ses photos de quais de métro aérien en attente de démolition dégagent une espèce d'aura nostalgique. Leiter raffole des réverbères à l'ancienne, des balustrades, des vitrines de prêteur sur gages et des carrioles de marchands ambulants, tous objets qui, par la grâce de leur restitution en couleurs, semblent se parer d'un léger voile de poussière, hommage ému à leur ancienneté, et on perçoit alors, tout comme avec ces "fantômes d'images" dont j'évoquais le surgissement dans ses travaux en noir et blanc, les vestiges d'un décor urbain antérieur. Ainsi c'est une fonction essentiellement symbolique que remplit ce chromatisme atténué, nimbant d'un voile de tendre nostalgie un environnement urbain parfaitement contemporain par ailleurs : le poids de ces images n'est pas seulement celui de l'atmosphère, mais aussi celui du souvenir.

Mais jusque dans ce regard rétrospectif, Saul Leiter introduit une nouvelle variante encore en employant un téléobjectif. Cet outil est un vecteur ambigu pour la composition de scènes car, en vertu de sa propriété familière de privilégier les plans dans la transcription de la profondeur, il laisse ouverte la question du rapport spatial effectif entre celui qui voit et ce qu'il voit, faute de pouvoir compter sur le plan moyen comme une transition vers des éléments ainsi perçus comme plus éloignés : cet espace intermédiaire, s'il ne disparaît pas entièrement, ne demeure au mieux que comme une hypothèse au sein du champ. Tout en installant une proximité vague, réductrice et trompeuse, propice aux velléités décoratives du photographe, le téléobjectif lui permet de surcroît de suggérer l'intimité de ses sensations.

En ce curieux mélange de voyeurisme et de détachement, les passants de New York n'interviennent guère qu'en tant que vivants repoussoirs pour l'enchevêtrement des choses et des reflets. Souvent chassés vers les marges d'un spectacle qui semble moitié une affiche, moitié un rêve, ils se meuvent au sein d'un paysage urbain fait de fragments qui n'ont pas grand chose de commun sinon leur amputation par le cadre. Ainsi, s'intéressant à un voyageur du métro (photo n° 56), tout ce que Leiter choisit de nous en montrer à l'image est son pied posé sur la banquette d'osier tressé, dans une posture qui – bien davantage que la chaussure, fût-elle joliment cirée – en fait toute l'élégance.

Là encore, bien avant de s'intéresser à leur valeur utilitaire ou leur existence sociale, c'est comme des motifs que le photographe aborde ses sujets, et chaque cliché tire sa vie propre de leur distribution mutuelle, en une répartition que l'on ne saurait dire "picturale" qu'à la condition d'entendre ce qualificatif au sens littéral, et non au sens stylistique. Dans la conception que Leiter se fait de la photographie urbaine, il s'agit moins d'une ouverture à travers laquelle diriger le regard que d'un champ sur lequel des formes seront visualisées ainsi que sur un écran – et son emploi de diapositives (elles aussi appelées à être projetées sur un écran) n'est peut-être pas étranger à cette impression. Disposé à l'horizontale, le format 35 mm, par ses proportions oblongues, aurait appelé une lecture latérale d'ordre narratif ; disposé verticalement, au contraire, il oblige l'œil à explorer l'image de haut en bas au sein d'une colonne étroite, et on remarque alors comment des tensions dans les zones marginales électrisent le champ qu'elles enserrent, comment le choix du cadrage ménage des absences afin de rehausser les présences.

En marge de tout cela, Saul Leiter n'a cessé de peindre, sans jamais les exposer, des gouaches qui hésitent entre le paysage et l'abstraction sur un mode qui rappelle les symbolistes français de l'école de Pont-Aven, Gauguin en tête, et des nabis parisiens. Transporté de leur vivant, il se serait entendu à merveille avec Atget et Vuillard. Et de fait un écho lointain de leur œuvre nous revient, étrangement fusionné, dans le regard porté par un photographe américain sur un monde entièrement différent du leur, qu'il nuance ainsi d'une translucidité dont nous ne l'imaginions pas porteur, teintée par l'assurance et en même temps la délicatesse de son témoignage. Espérons seulement que cet artiste foncièrement discret saura accueillir de bonne grâce l'hommage aussi tardif que mérité qui échoit aujourd'hui enfin à son œuvre !

Max Kozloff

(traduit de l'américain par Daniel De Bruycker)

Ce texte reprend et développe un article paru en 2006 dans le magazine espagnol *Matador*.

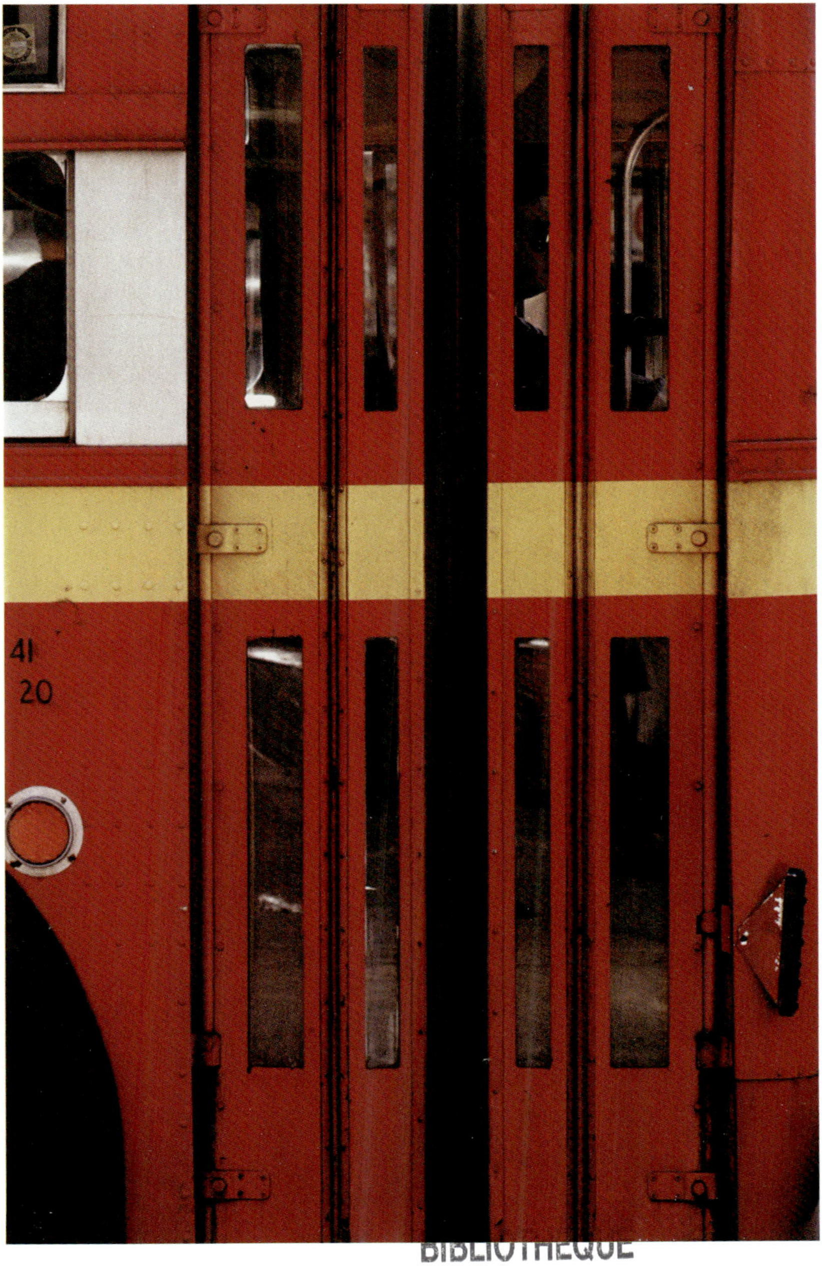
41
20

2. Cireur de souliers, vers 1954.

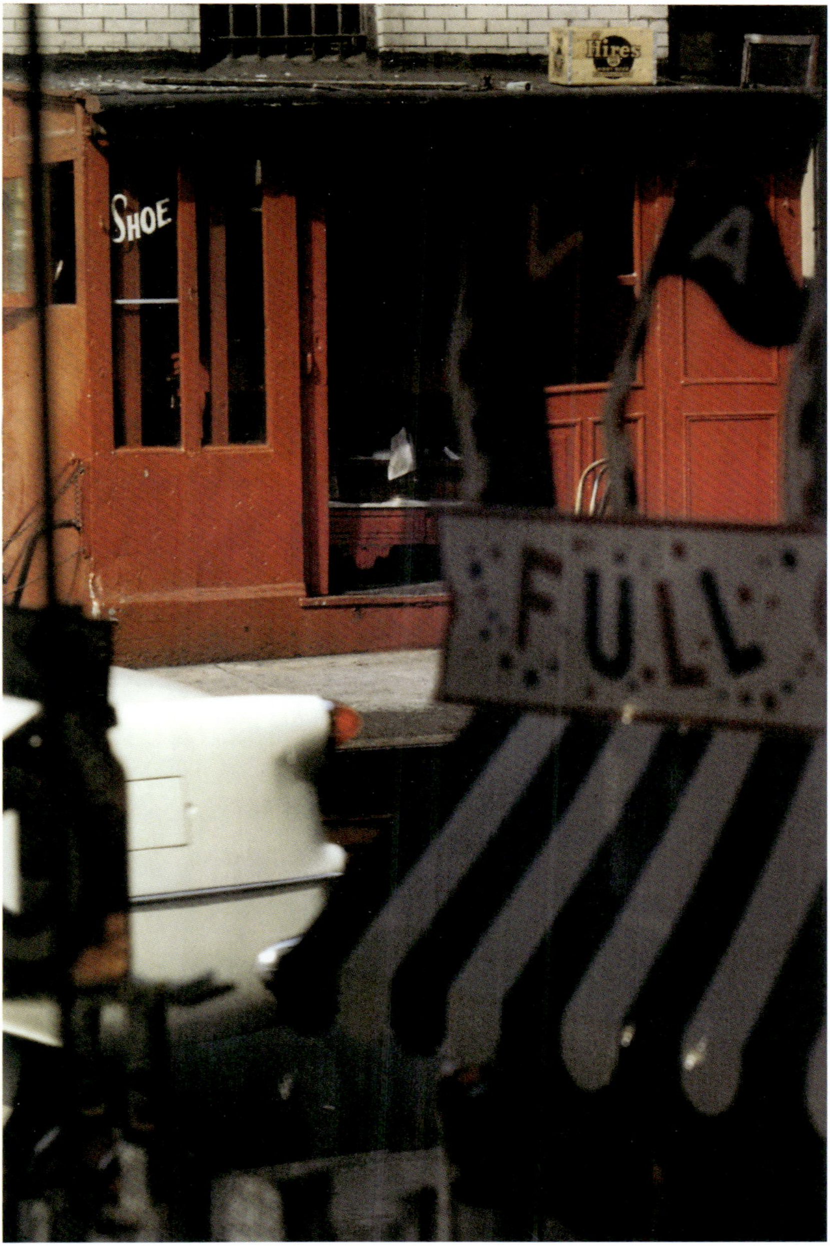
Hires
SHOE
FULL

3. Le cercle blanc, vers 1958.

Pages suivantes : 4. Religieuse, vers 1947.

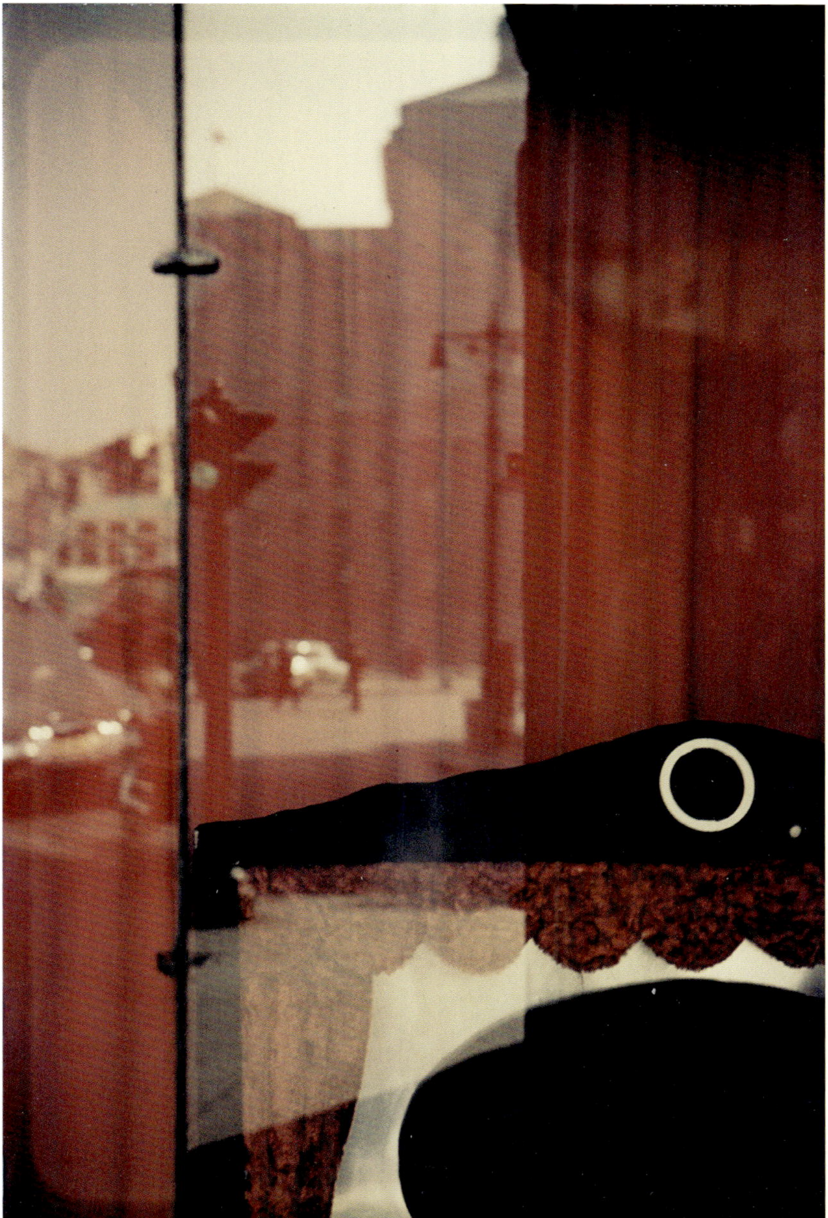

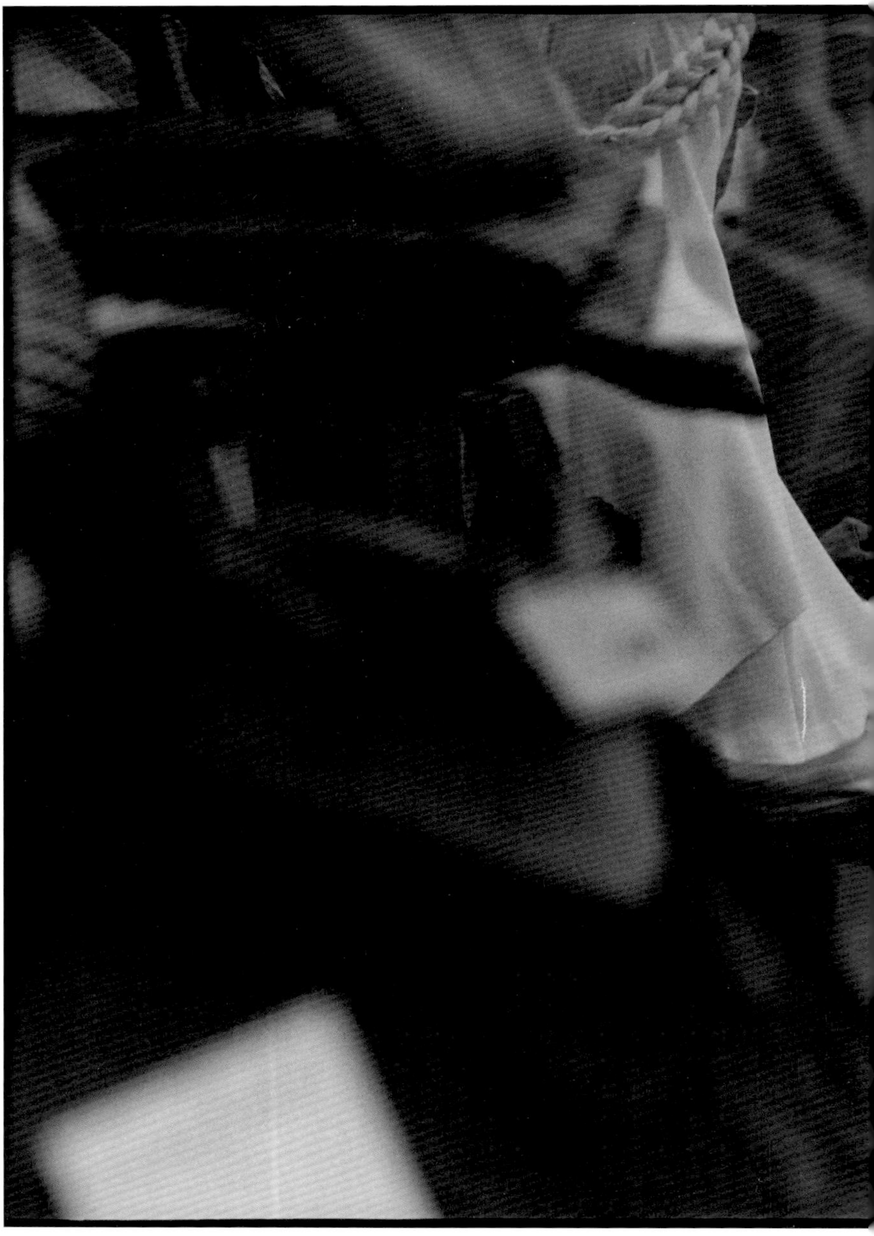

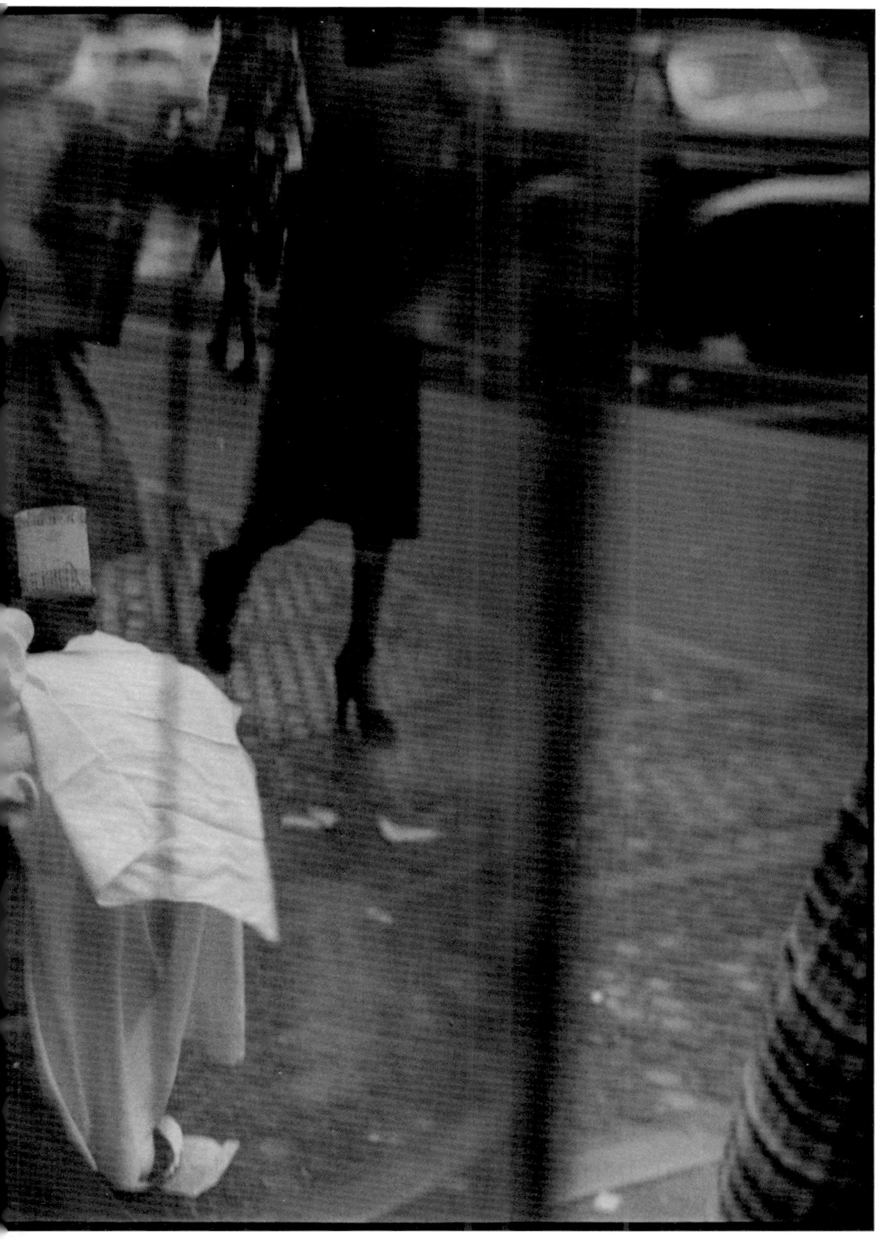

5. Autoportrait, vers 1952.

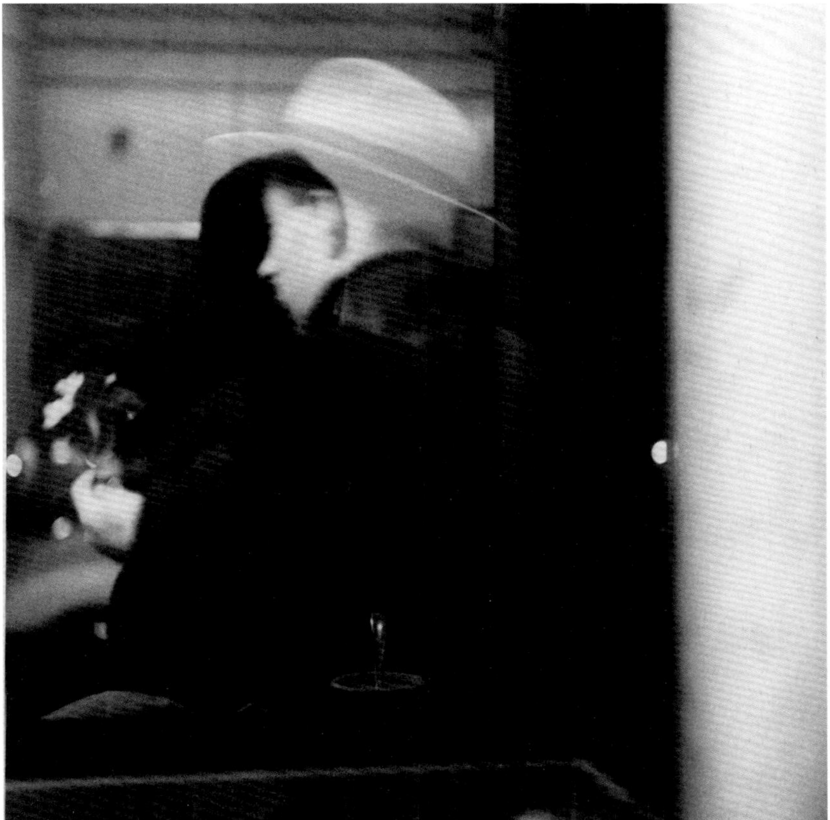

6. Le vent, vers 1953.

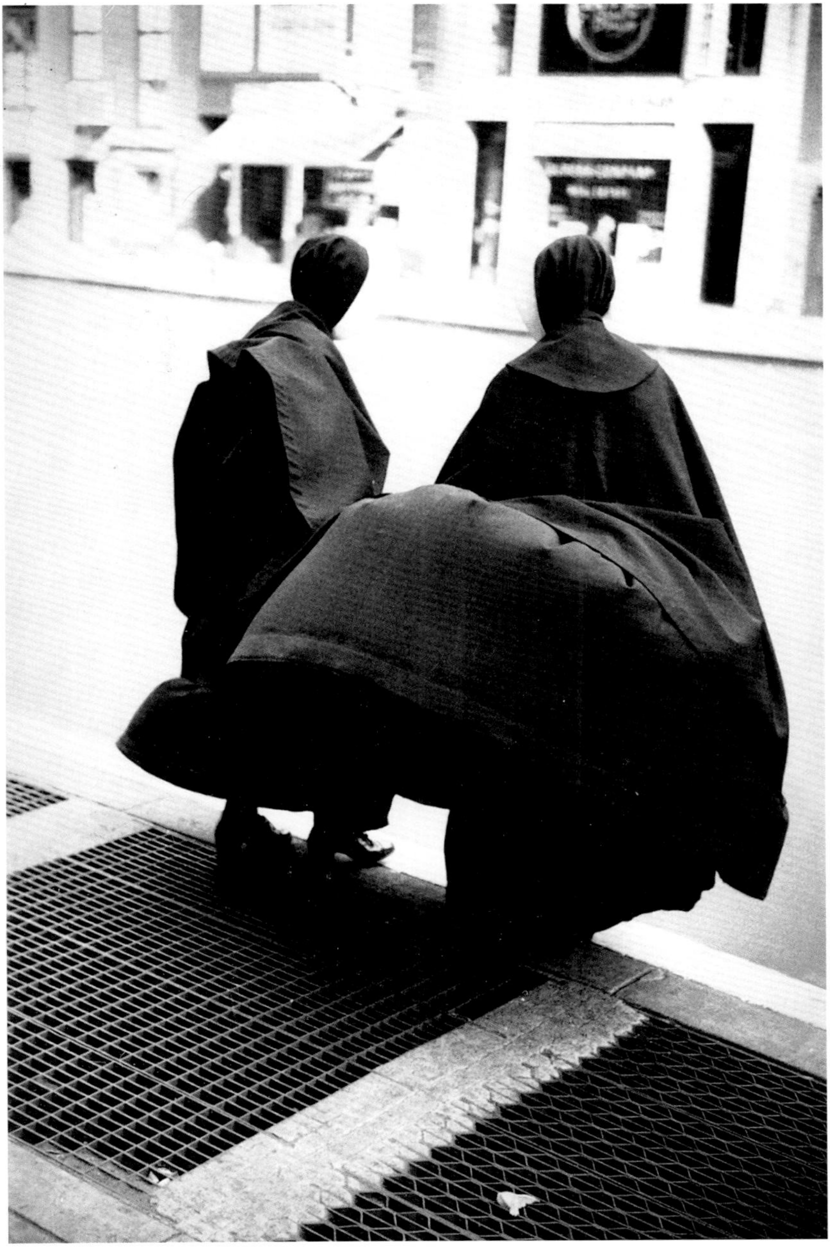

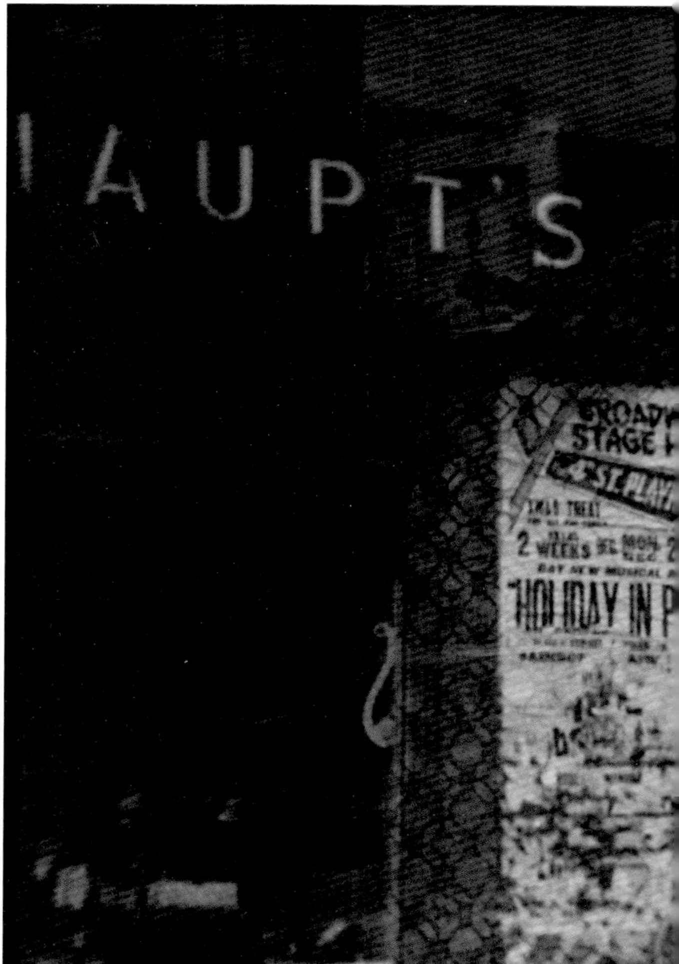

7. Mary, vers 1947.

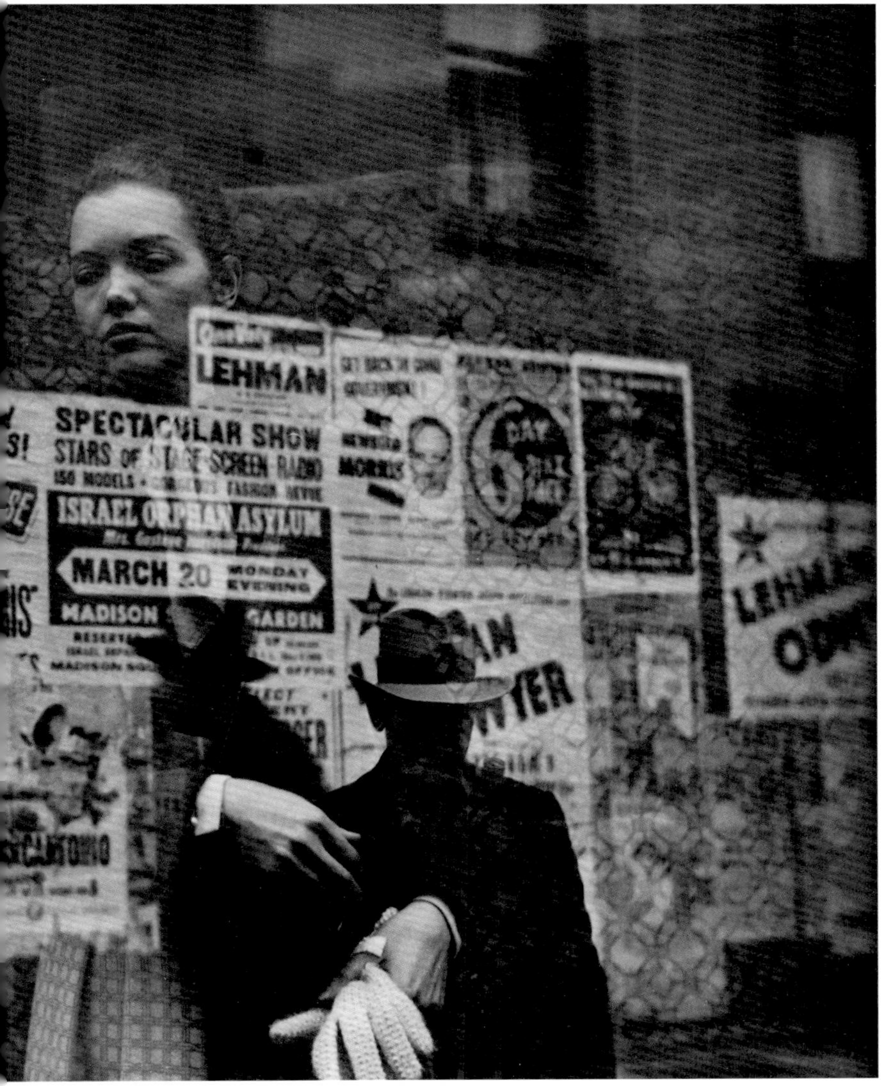
LEHMAN
SPECTACULAR SHOW
ISRAEL ORPHAN ASYLUM
MARCH 20
MONDAY
EVENING
MADISON
GARDEN
MORRIS

8. Chapeaux, vers 1948.

Pages suivantes : 9. Chapeaux, vers 1958.
10. *Repent* (Repentez-vous), vers 1952.

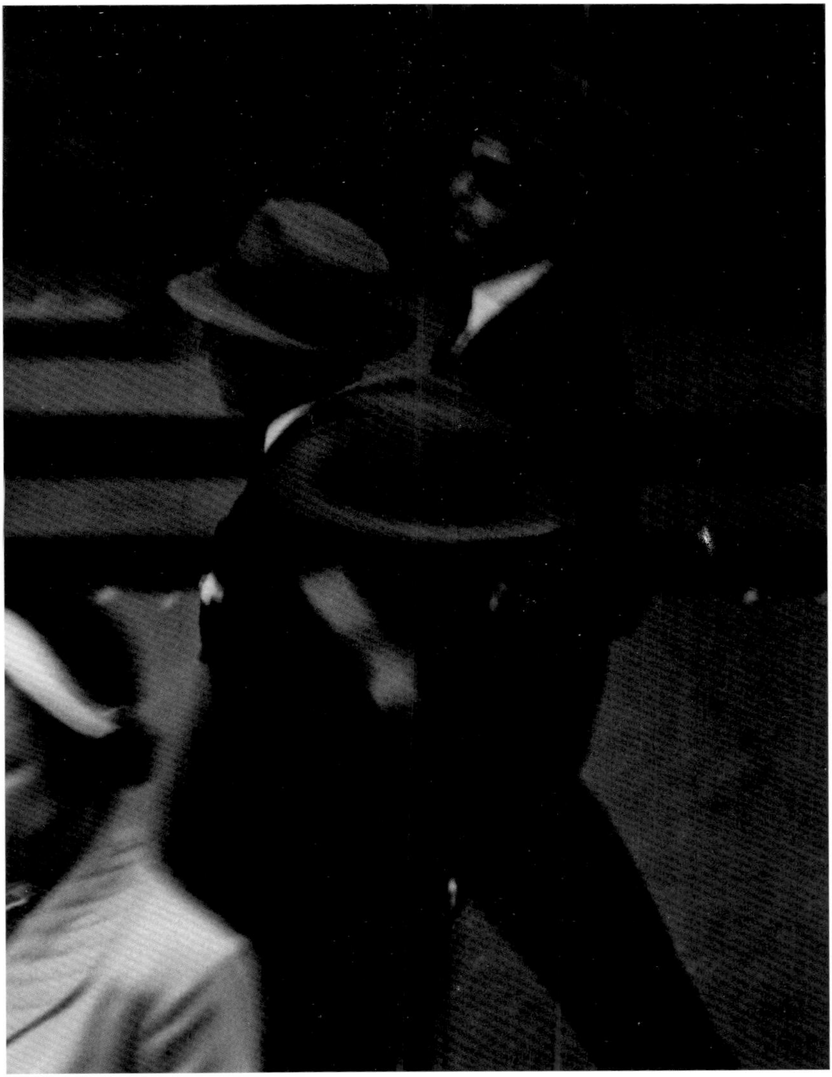

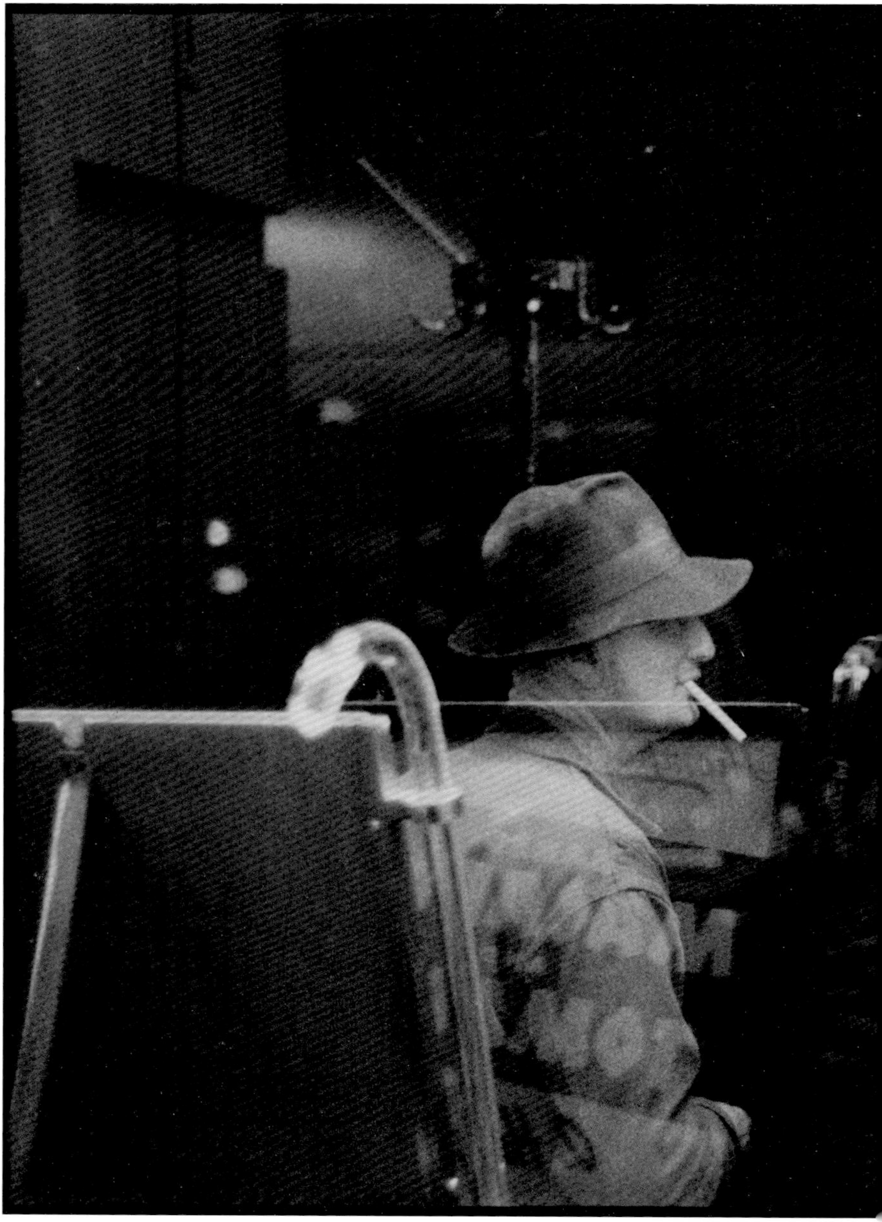

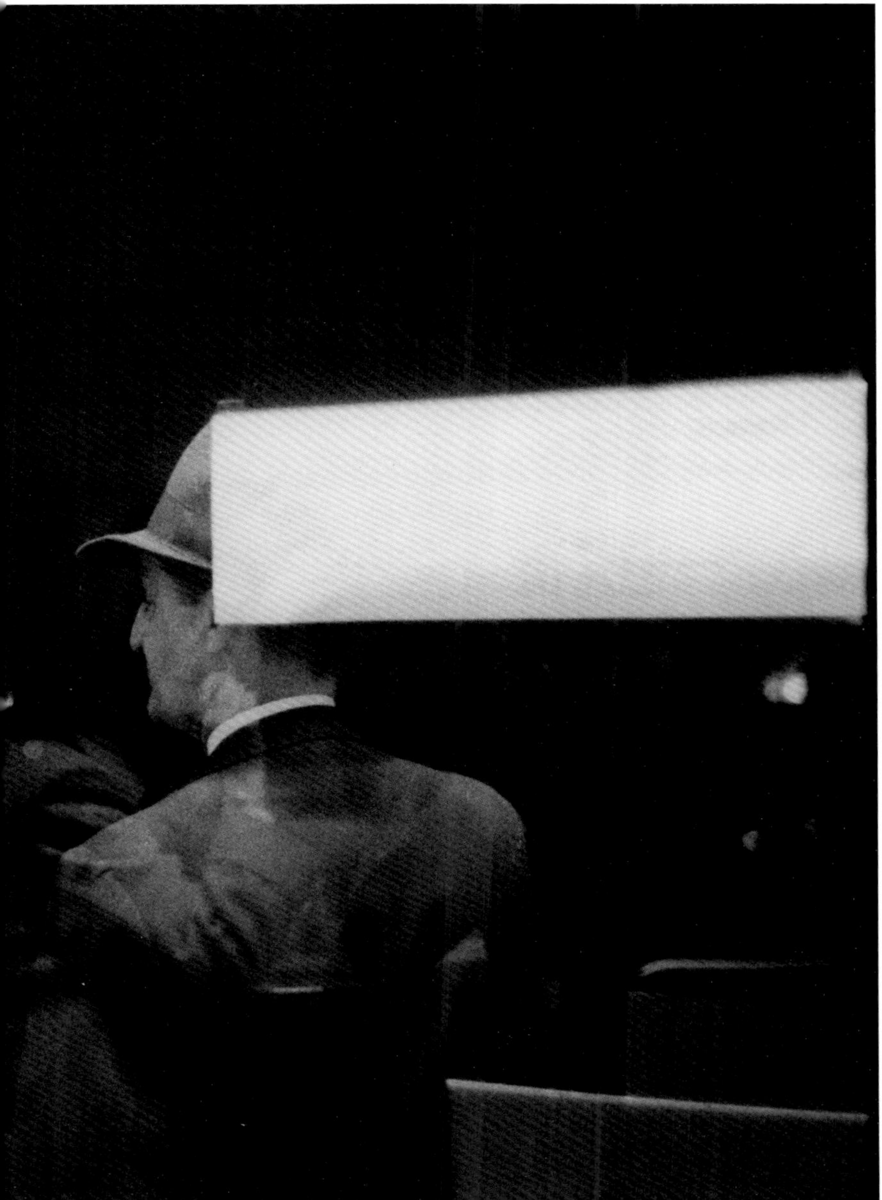

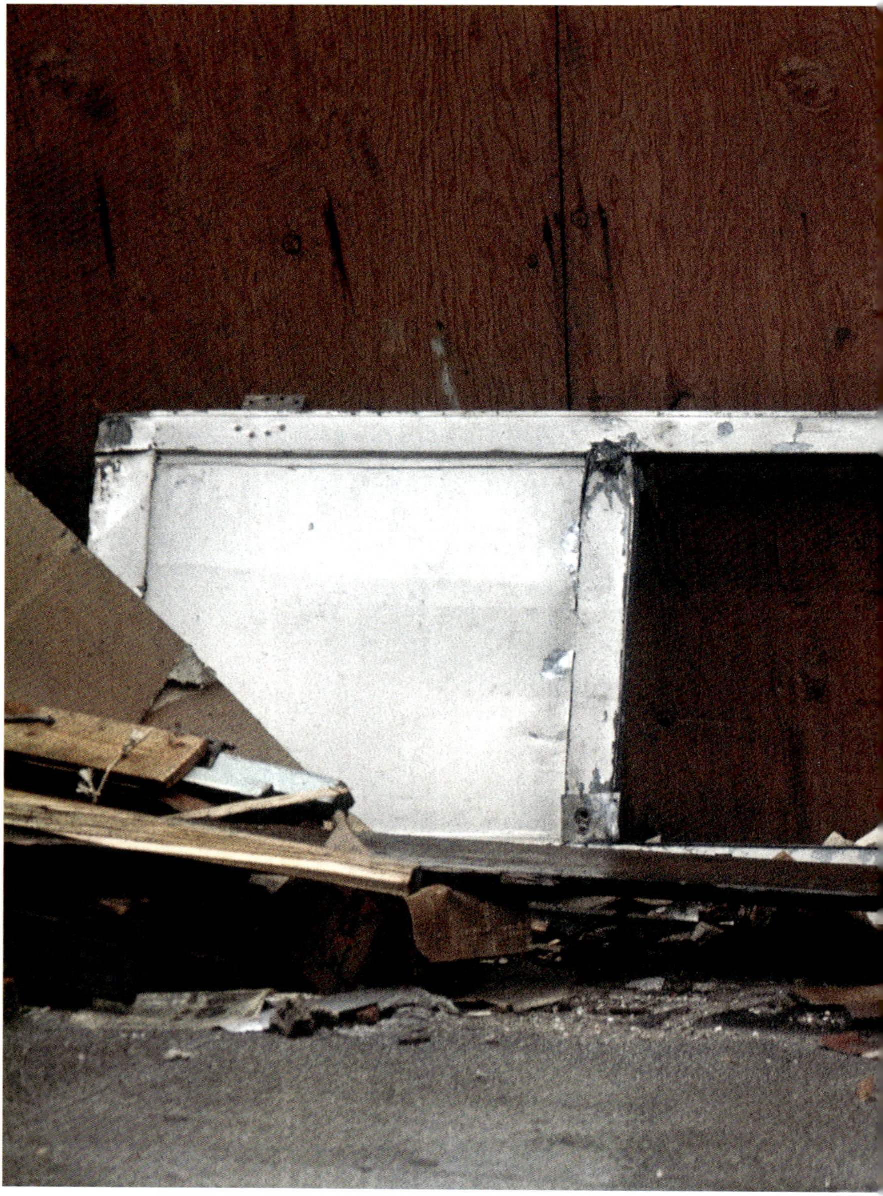

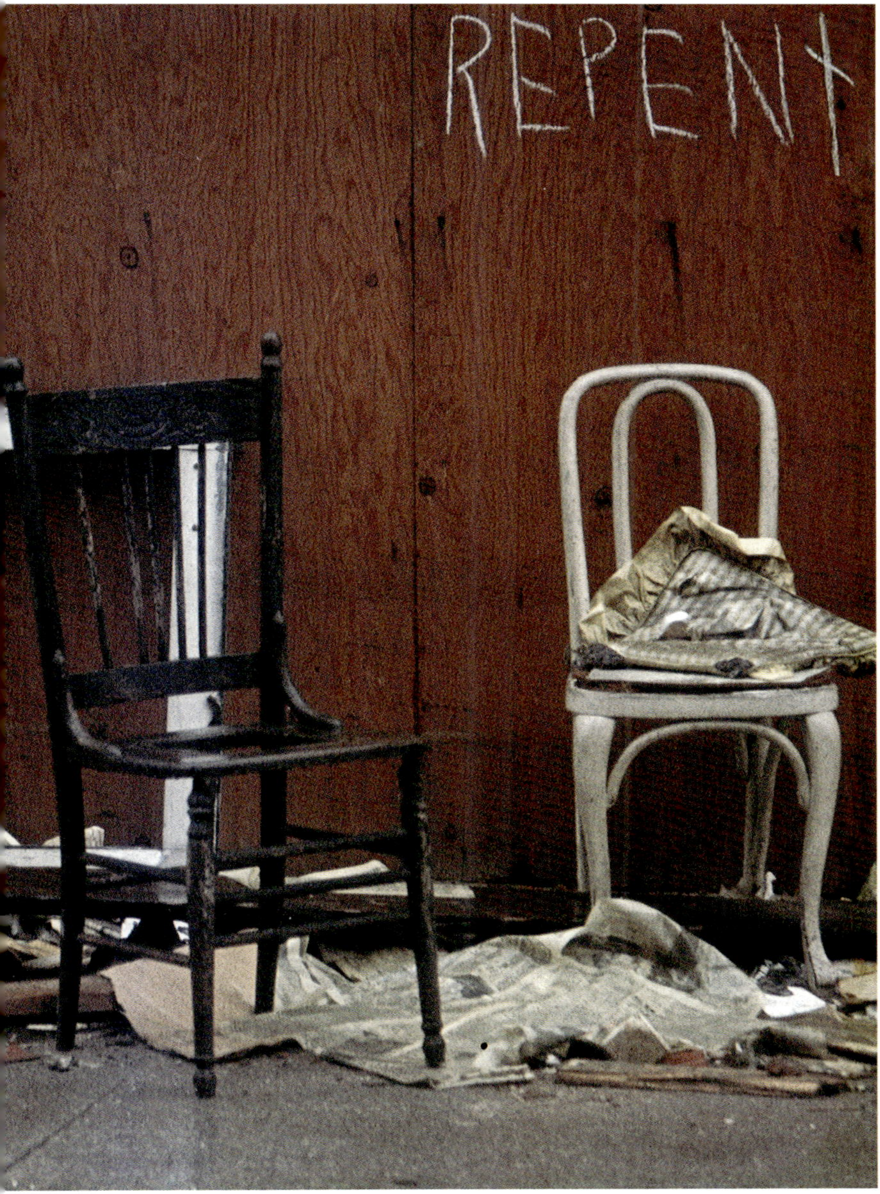
REPENT

11. Tilly (pour *Harper's Bazaar*), janvier 1964.

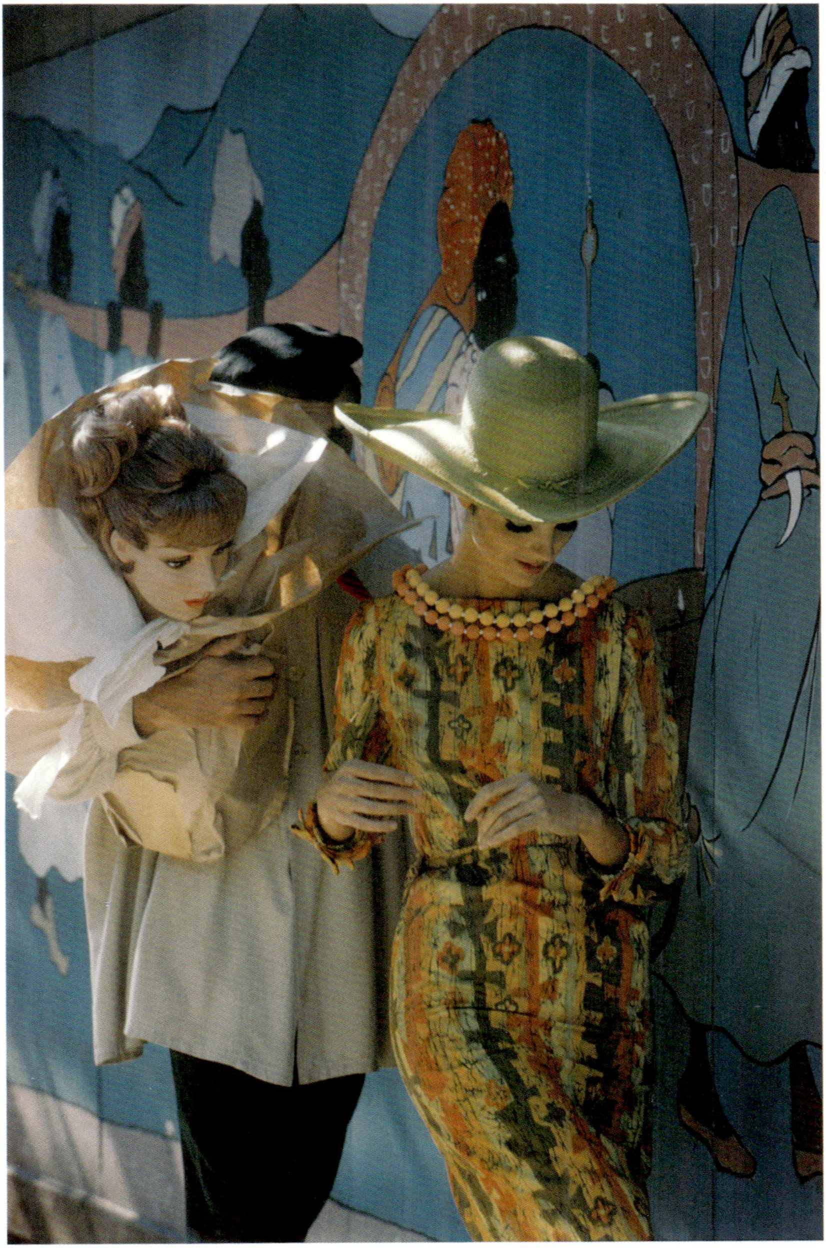

12. Boutique sur la 2^{e} Avenue, vers 1953.

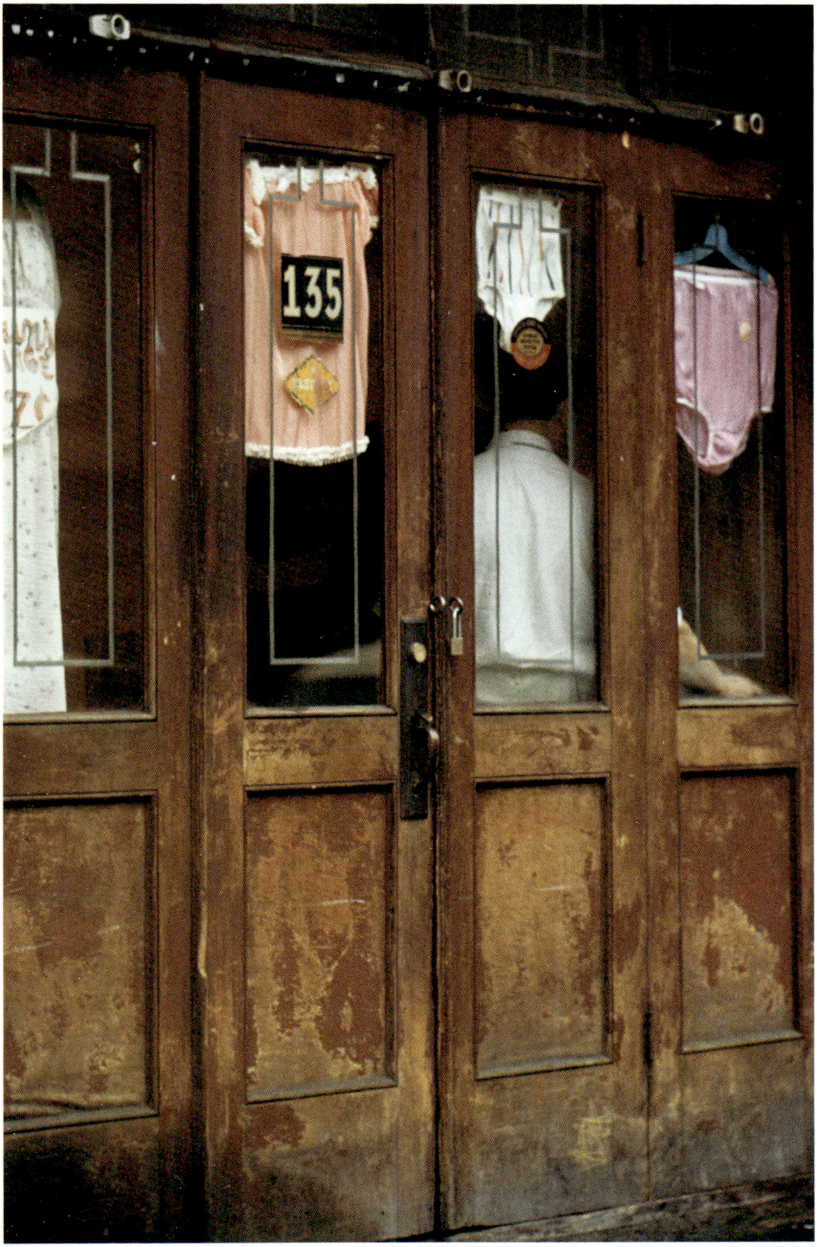
135

13. En marche, vers 1948.

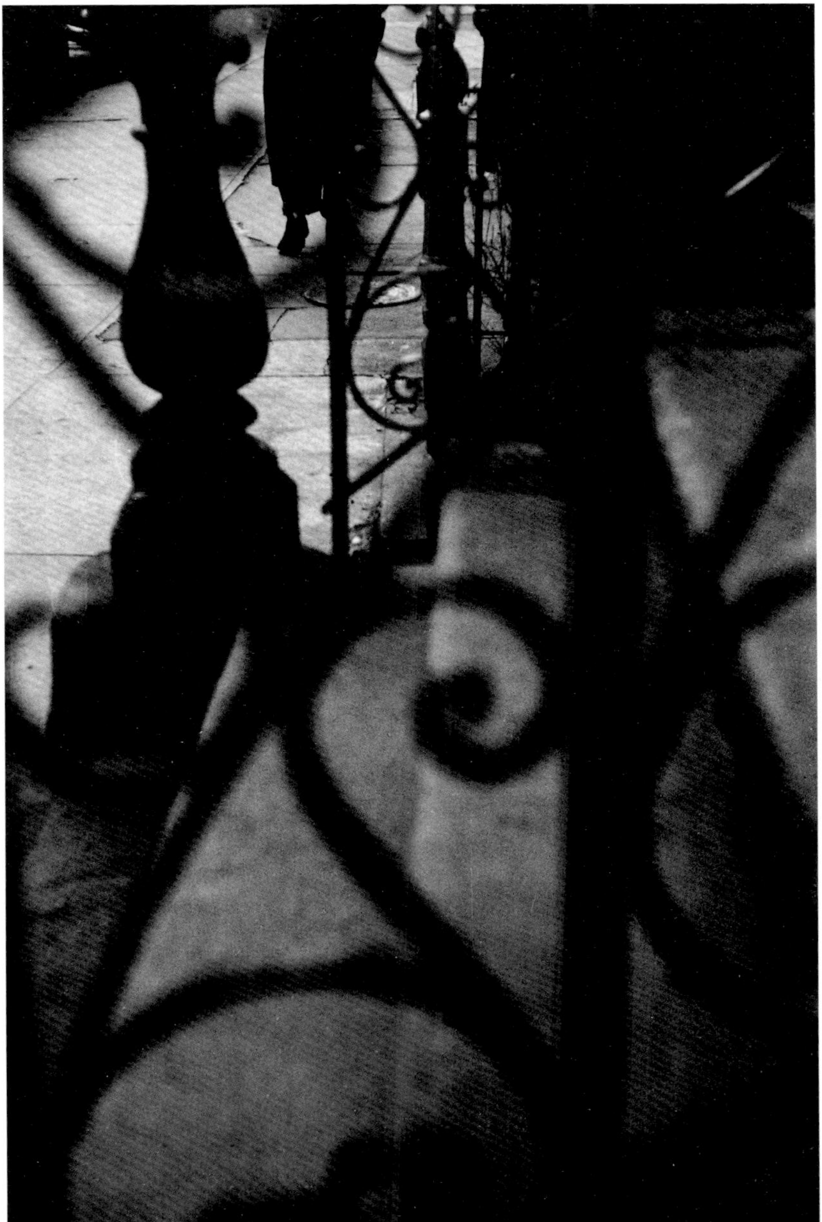

14. Chez Elaine, vers 1958.

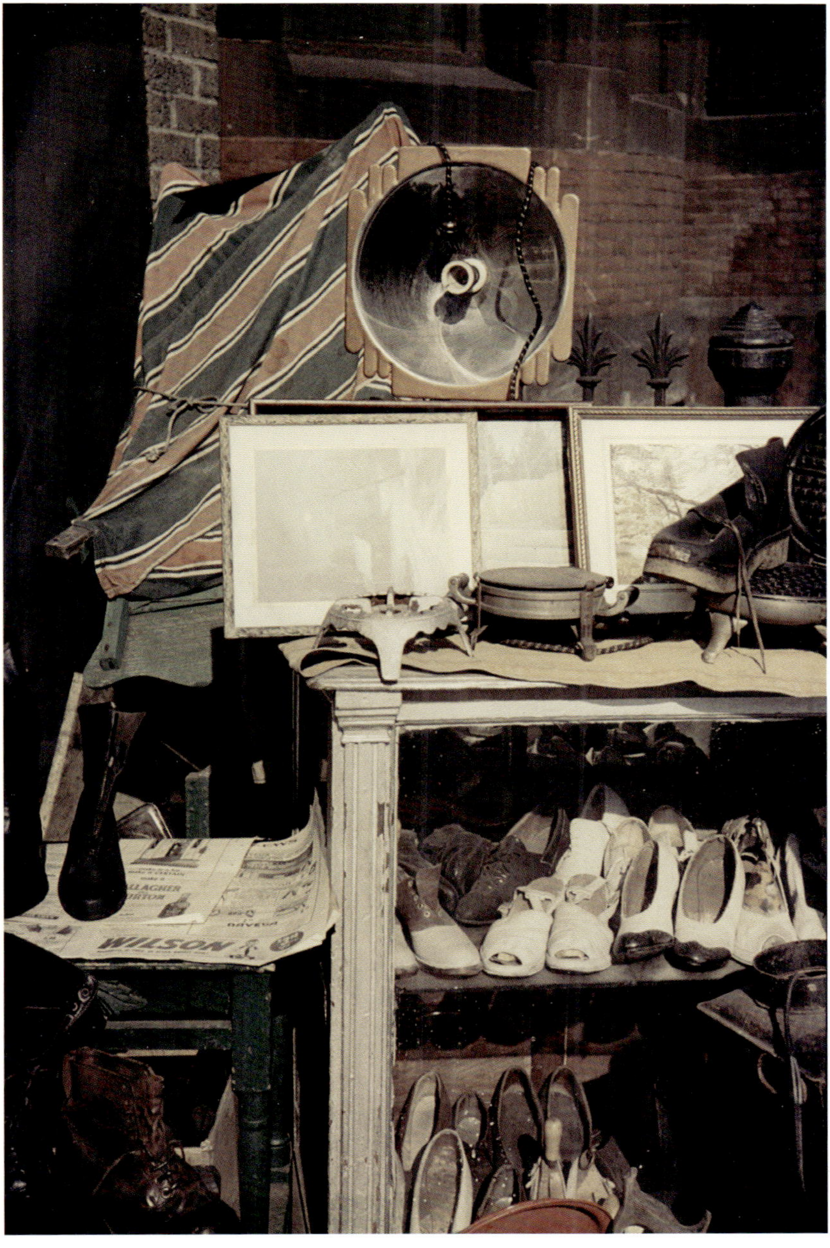
WILSON

15. Halloween, vers 1948.

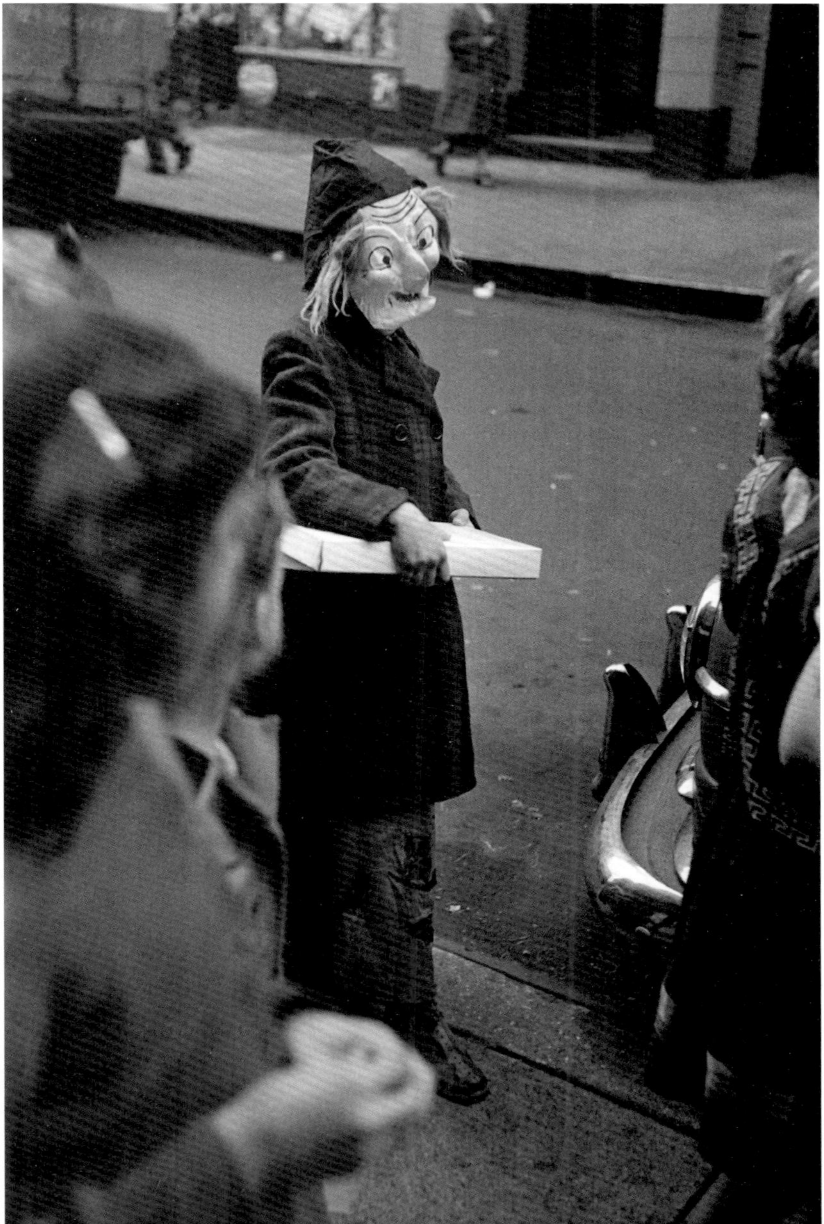

16. Chinatown, vers 1956.

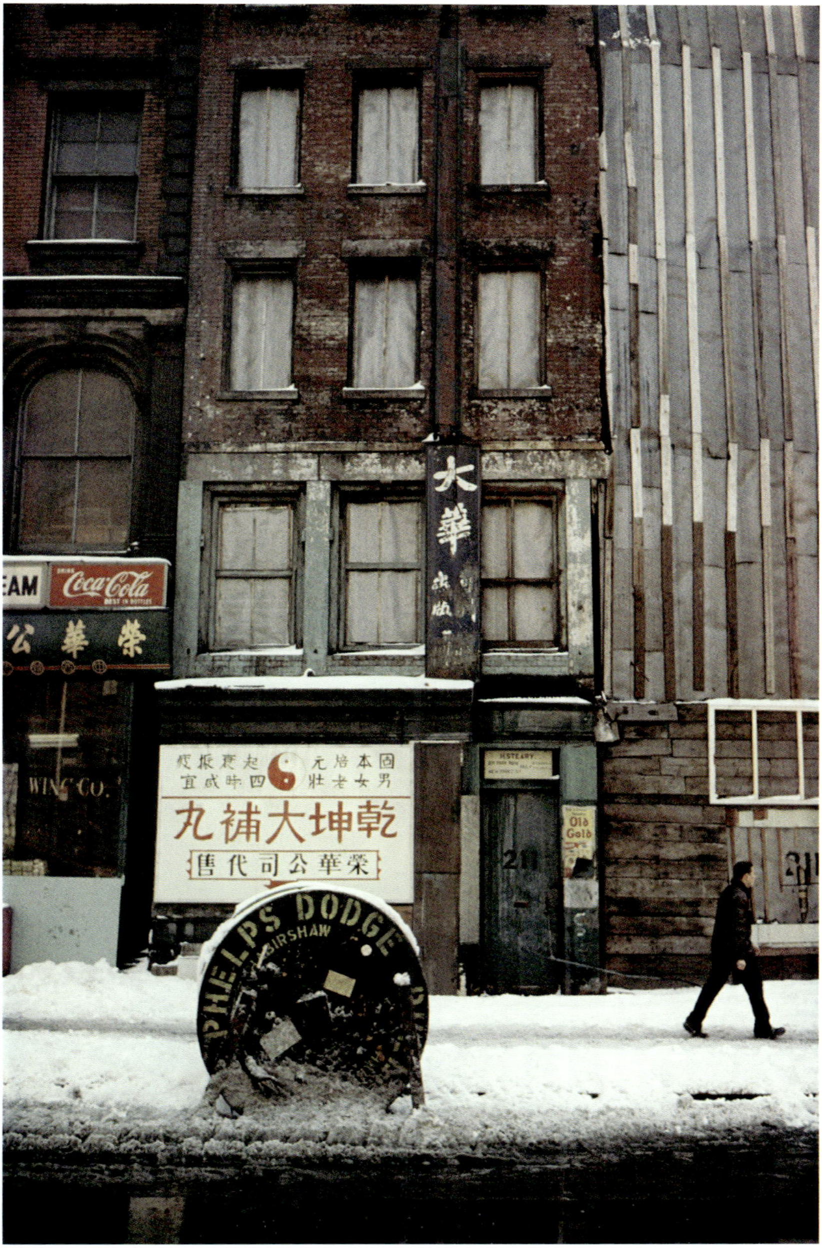

EAM
Coca-Cola
榮華公
大華
固本培元
男女老壯
乾坤大補丸
榮華公司代售
WING CO.
Old Gold
PHELPS DODGE

17. Feu vert, vers 1955.

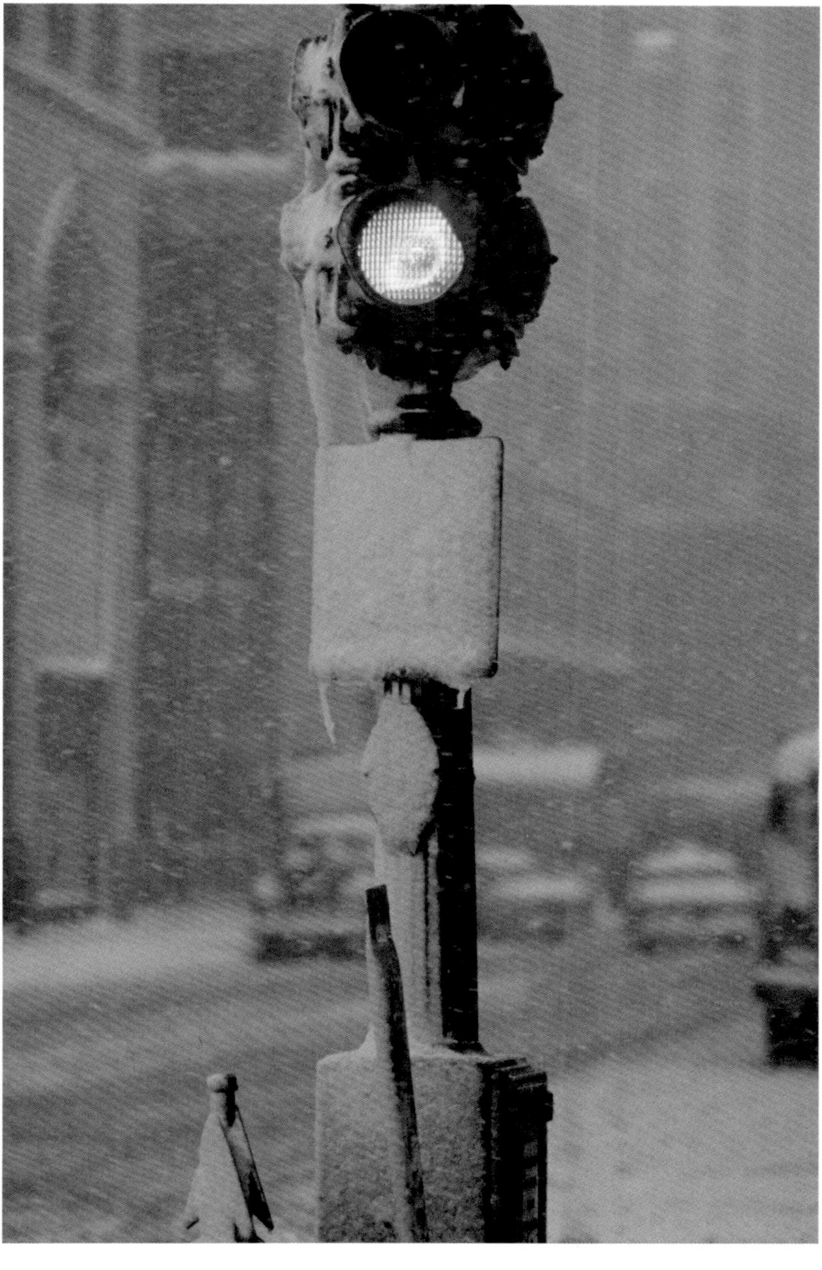

18. Les facteurs, vers 1952.

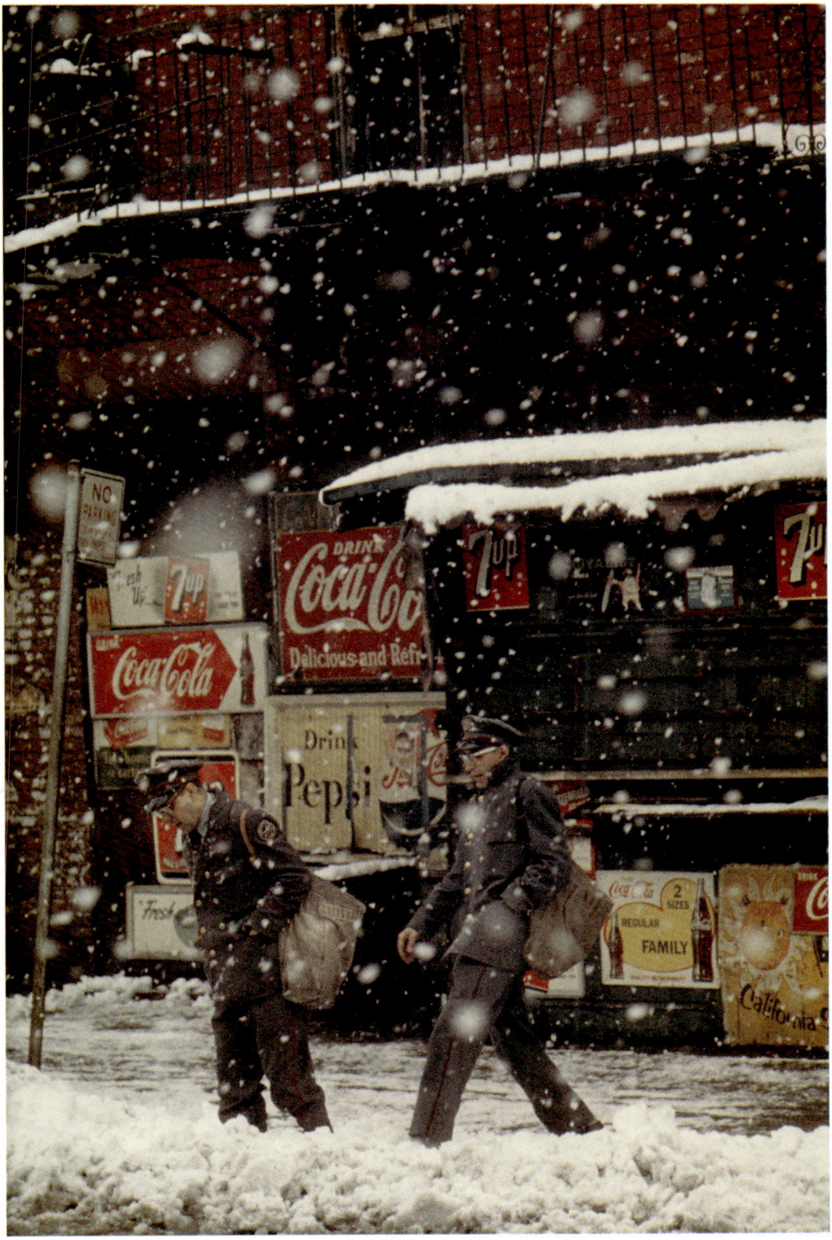

NO PARKING
7up
Coca-Cola
DRINK
Delicious and
Drink
Pepsi
2 SIZES
REGULAR
FAMILY

19. Auvent, vers 1958.

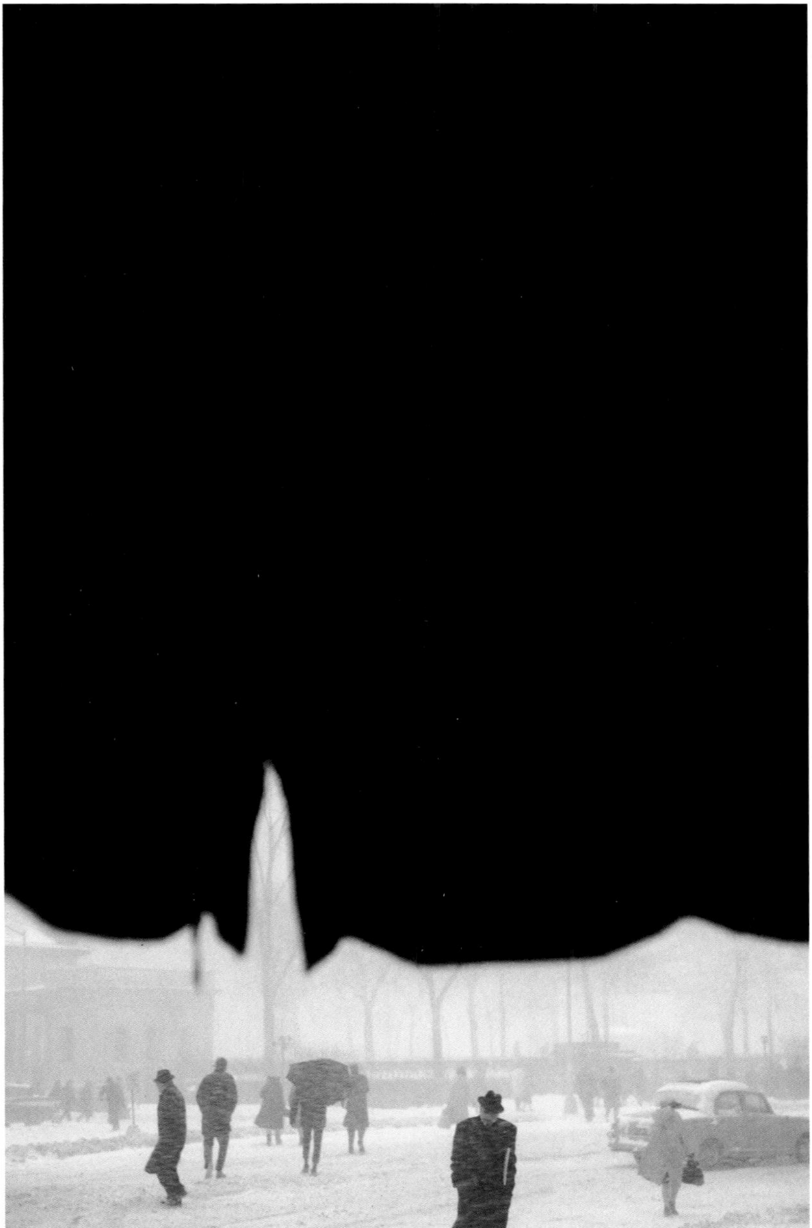

20. Le parapluie rouge, vers 1957.

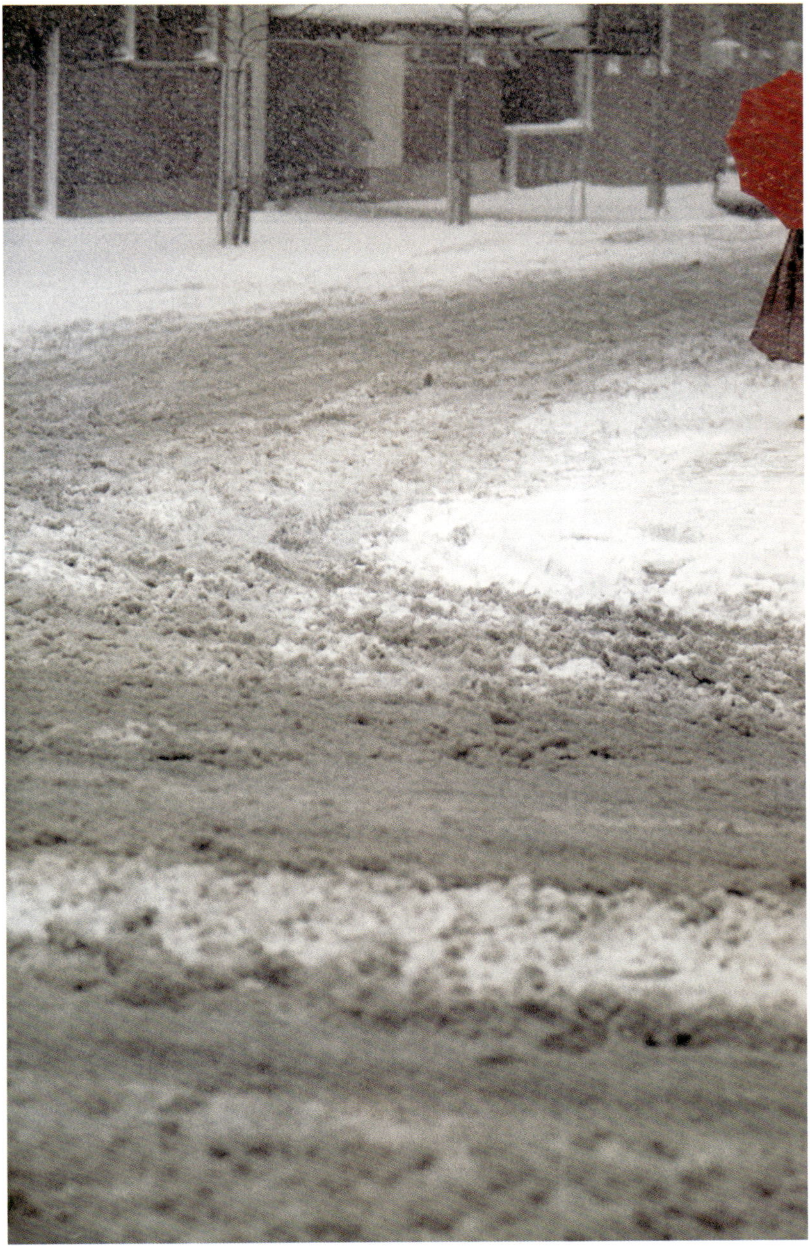

21. Miroirs, vers 1958.

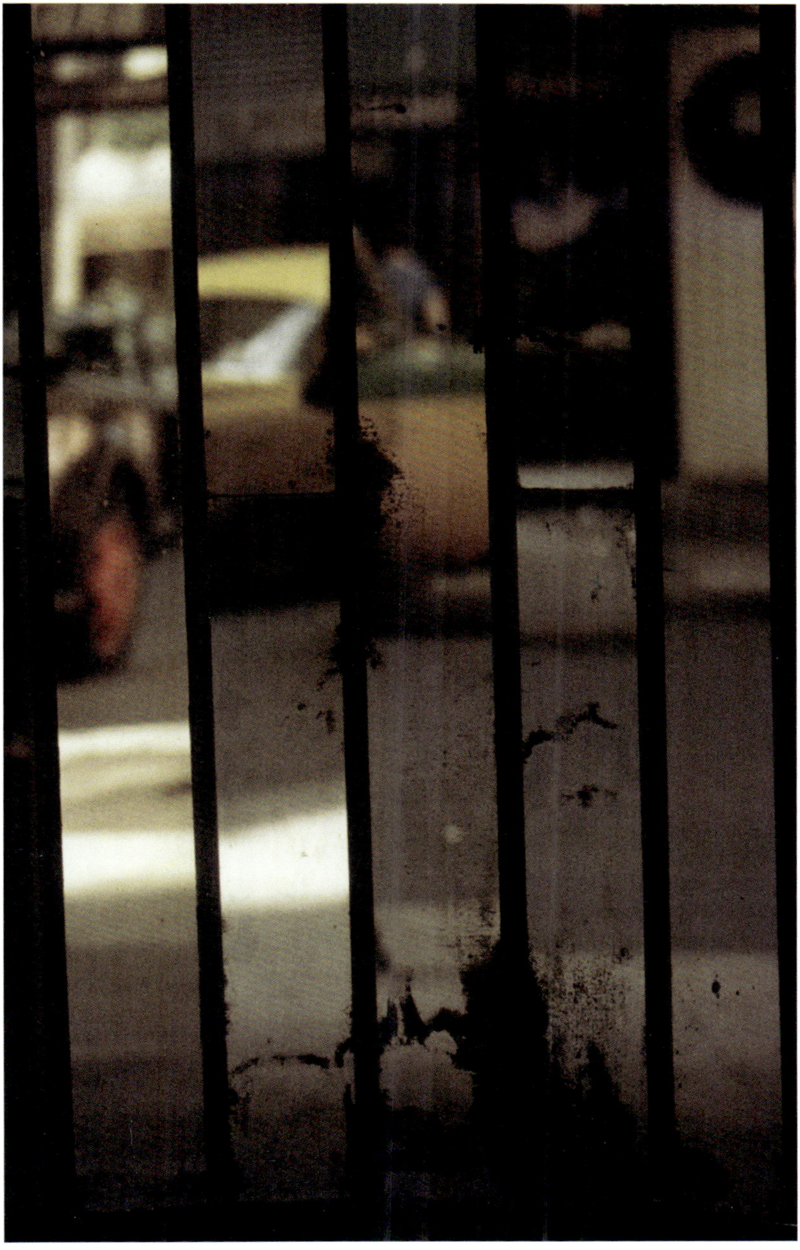

22. Harlem, vers 1960.

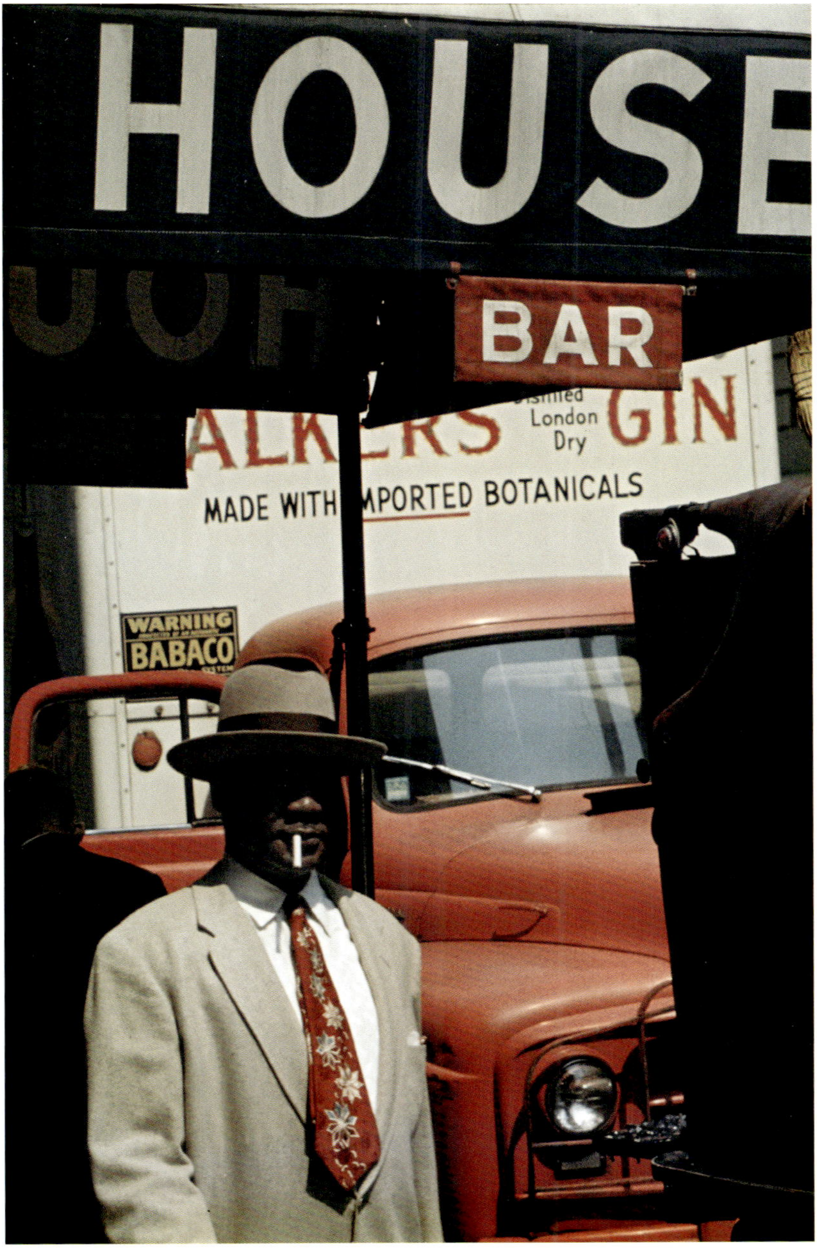
HOUSE
BAR
ALKERS
London
Dry
GIN
MADE WITH MPORTED BOTANICALS
WARNING
BABACO

23. Homme sur une échelle, vers 1954.

Pages suivantes : 24. Au téléphone, vers 1957.

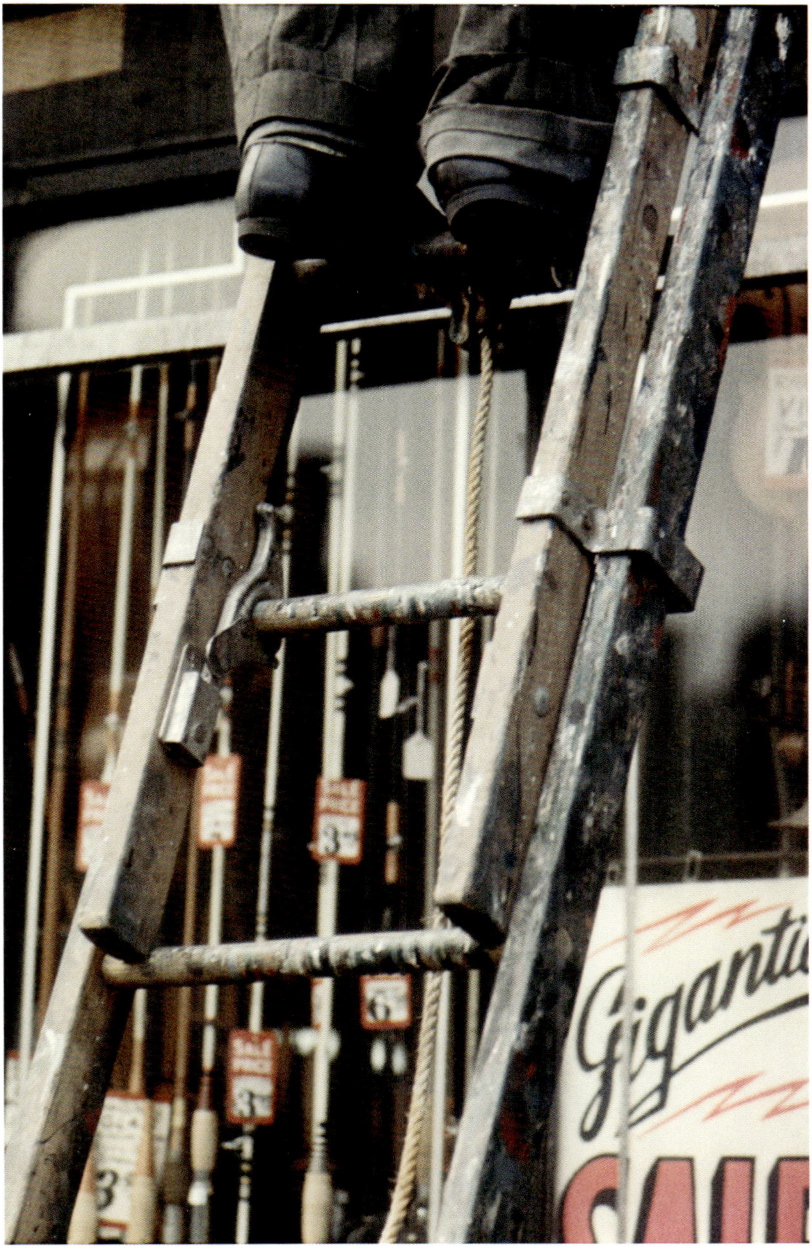

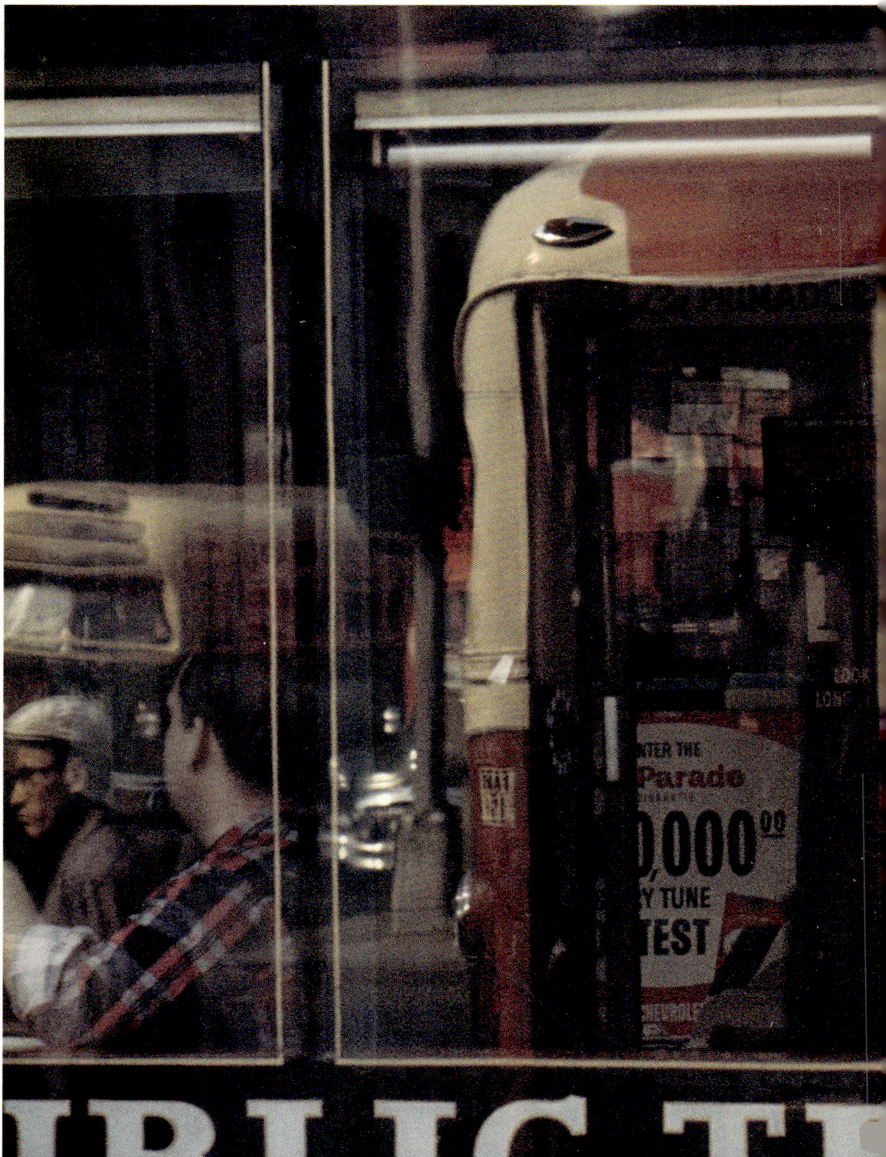

NTER THE
Parade
0,000
Y TUNE
TEST
UBLIC T

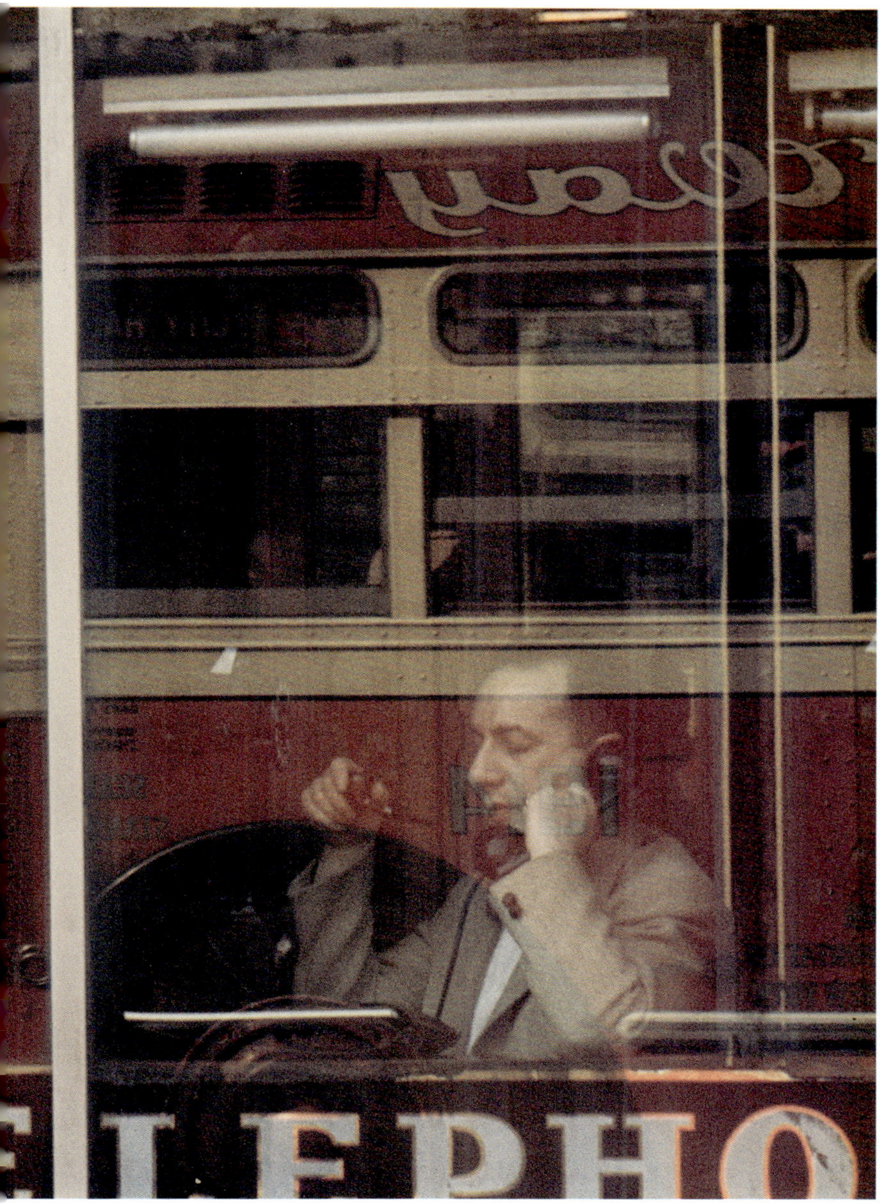
LEPHO

25. Le chapeau de paille, vers 1955.

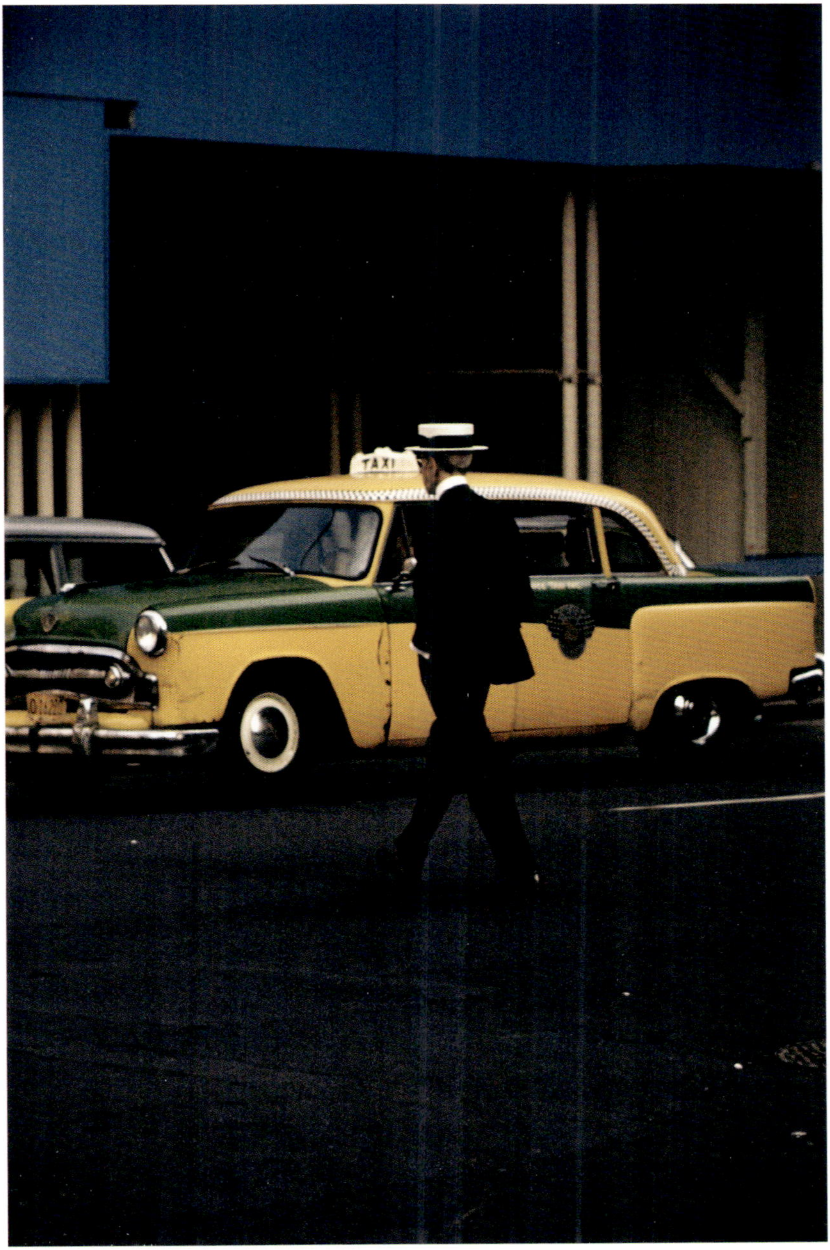
TAXI

26. Taxi, vers 1956.

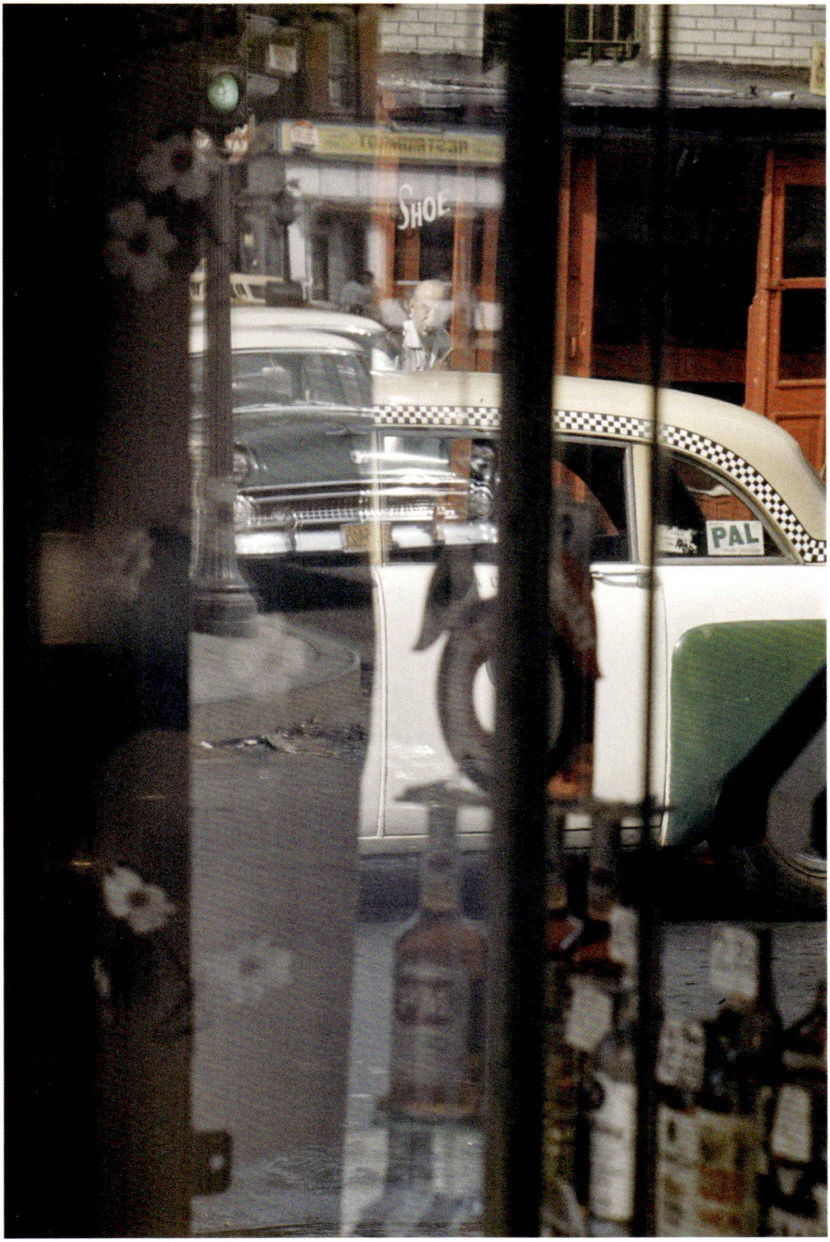
SHOE
PAL

27. *Don't Walk*, vers 1952.

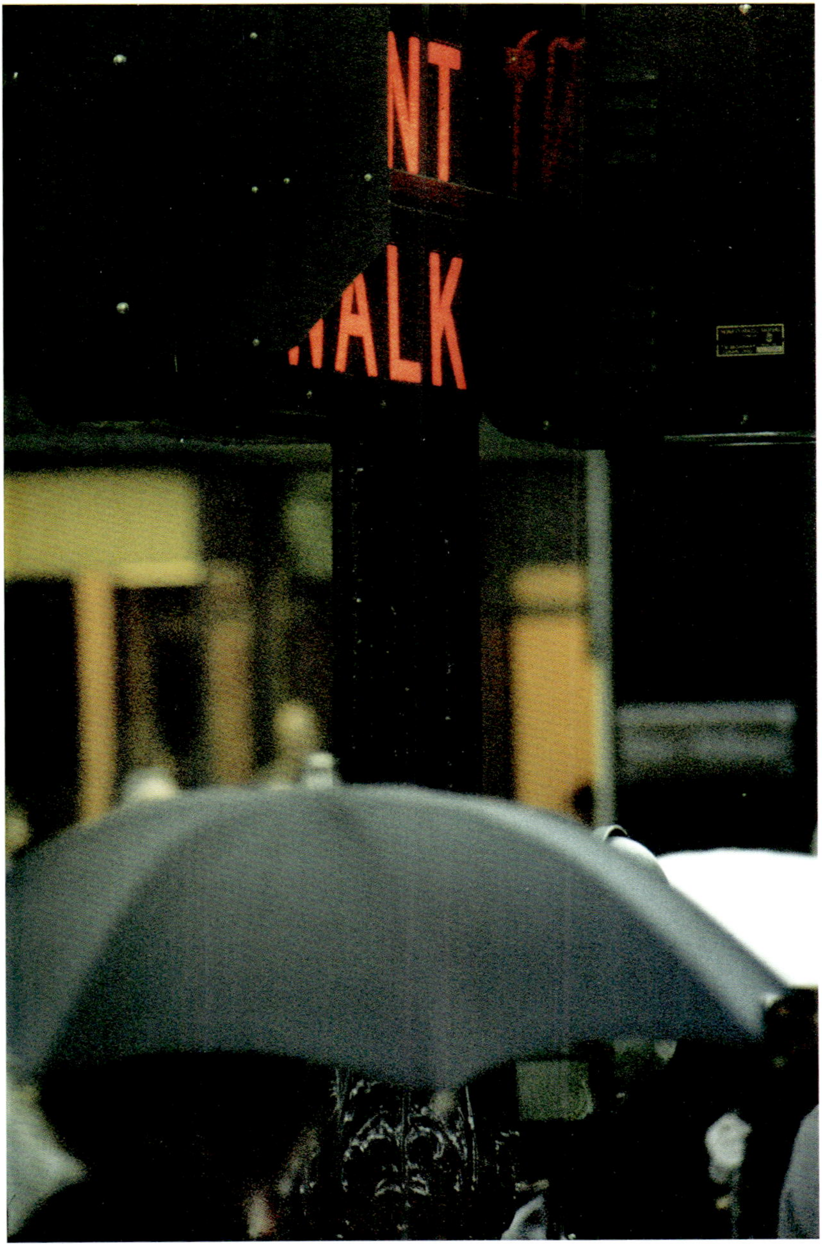
NT
ALK

28. Chauffeur, vers 1955.

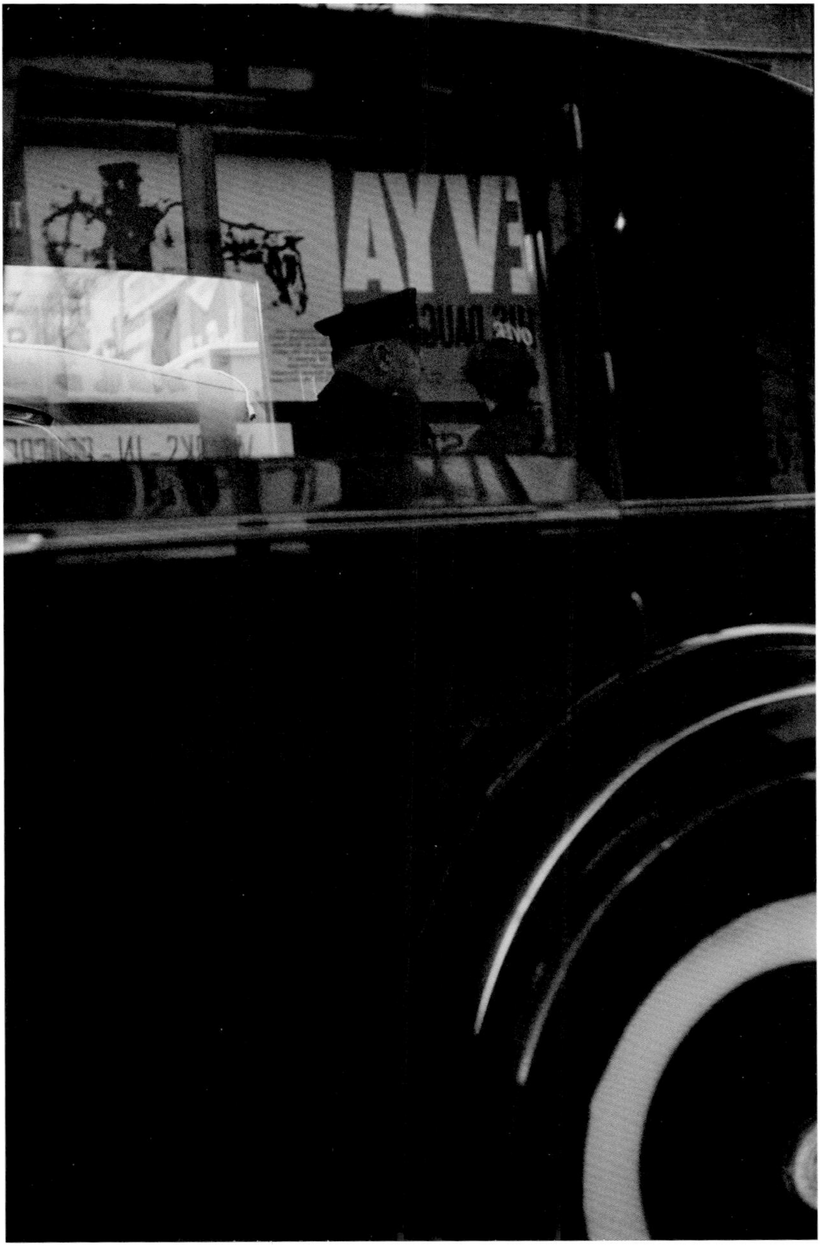

29. Entre les planches, vers 1957.

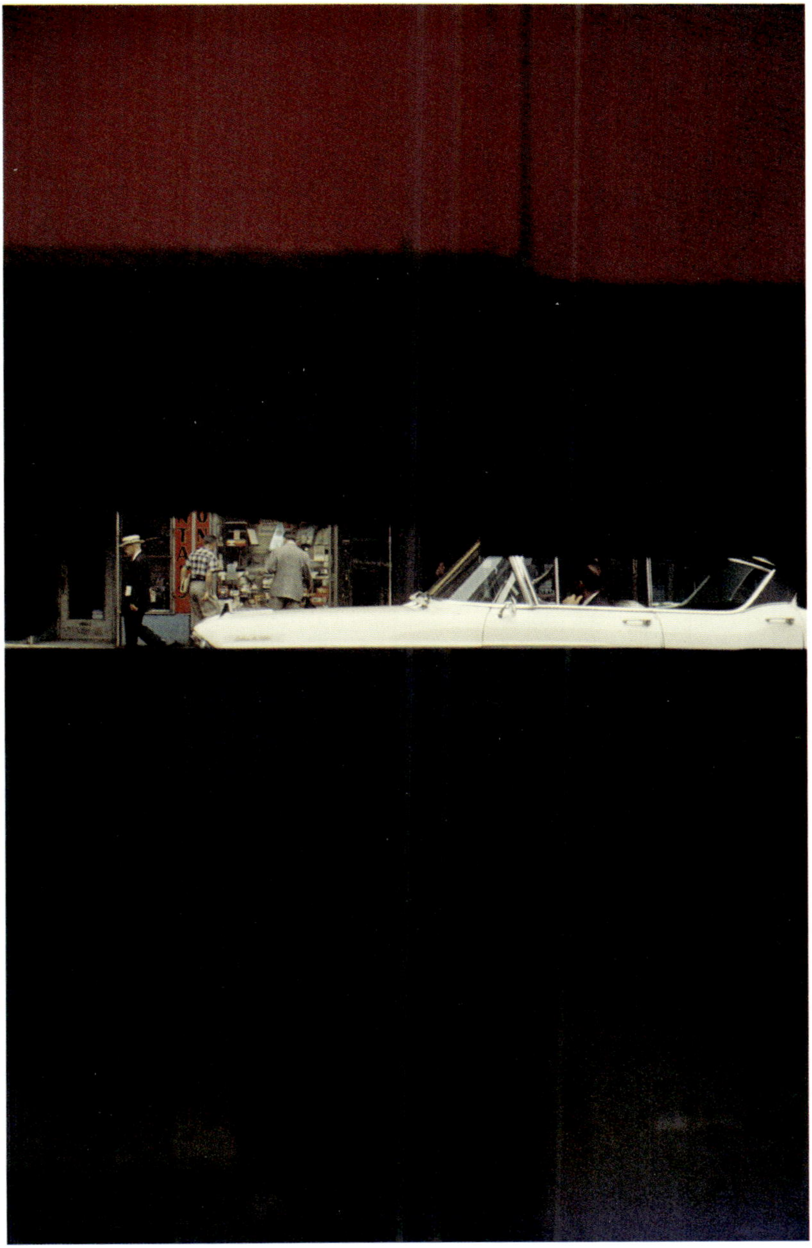

30. Bouche de métro, vers 1952.

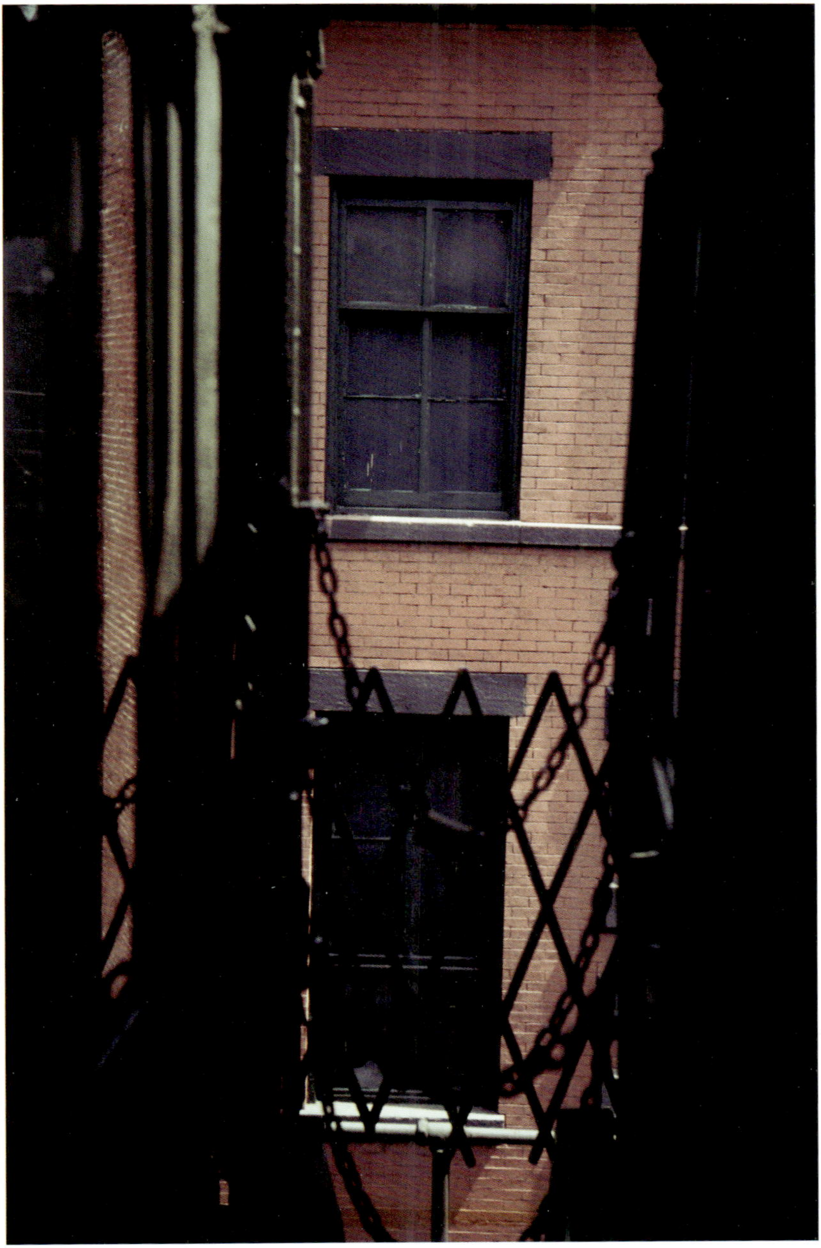

31. Pizzeria à Paterson, vers 1952.

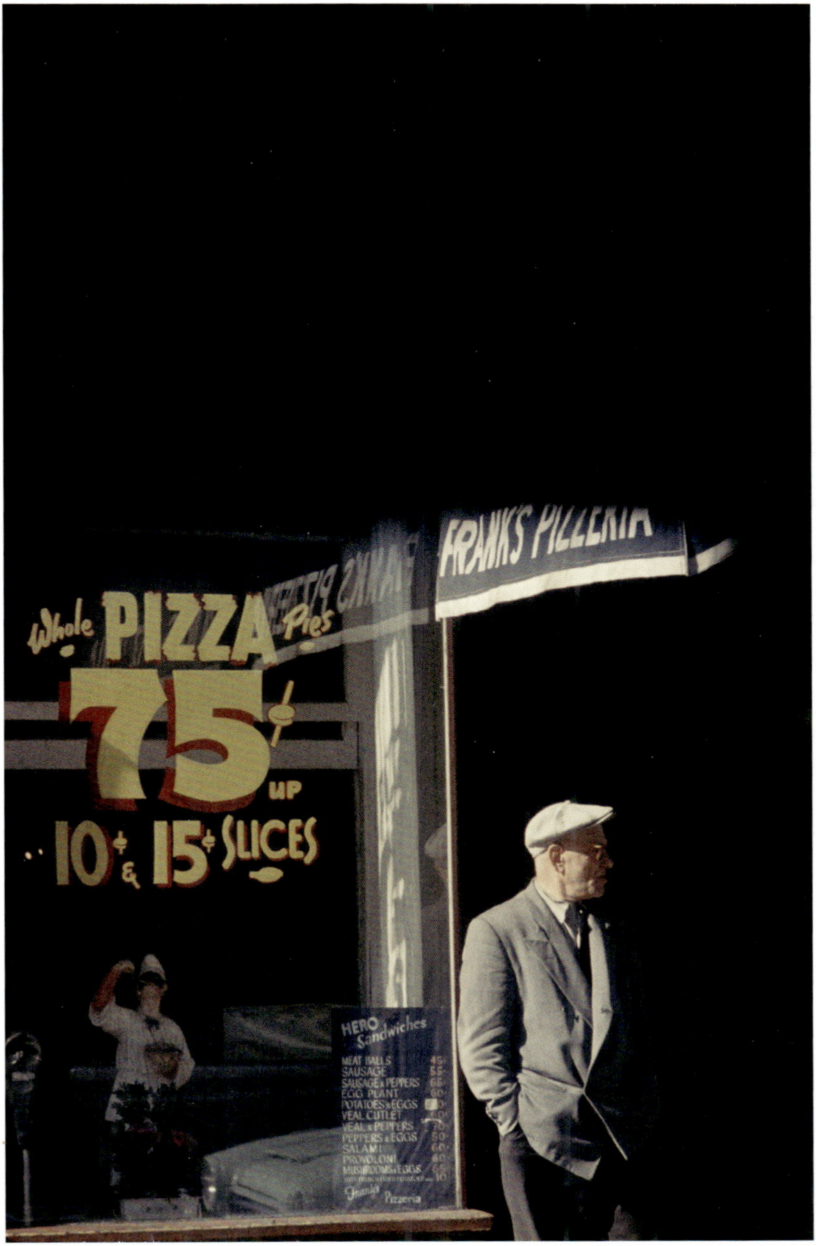
FRANK'S PIZZERIA
Whole PIZZA Pies
75¢ up
10¢ & 15¢ SLICES
HERO Sandwiches
MEAT BALLS 45
SAUSAGE 55
SAUSAGE & PEPPERS 65
EGG PLANT 60
POTATOES & EGGS
VEAL CUTLET
VEAL & PEPPERS
PEPPERS & EGGS
SALAMI
PROVOLONI
MUSHROOMS & EGGS
Frank's Pizzeria

32. Scène de rue, vers 1959.

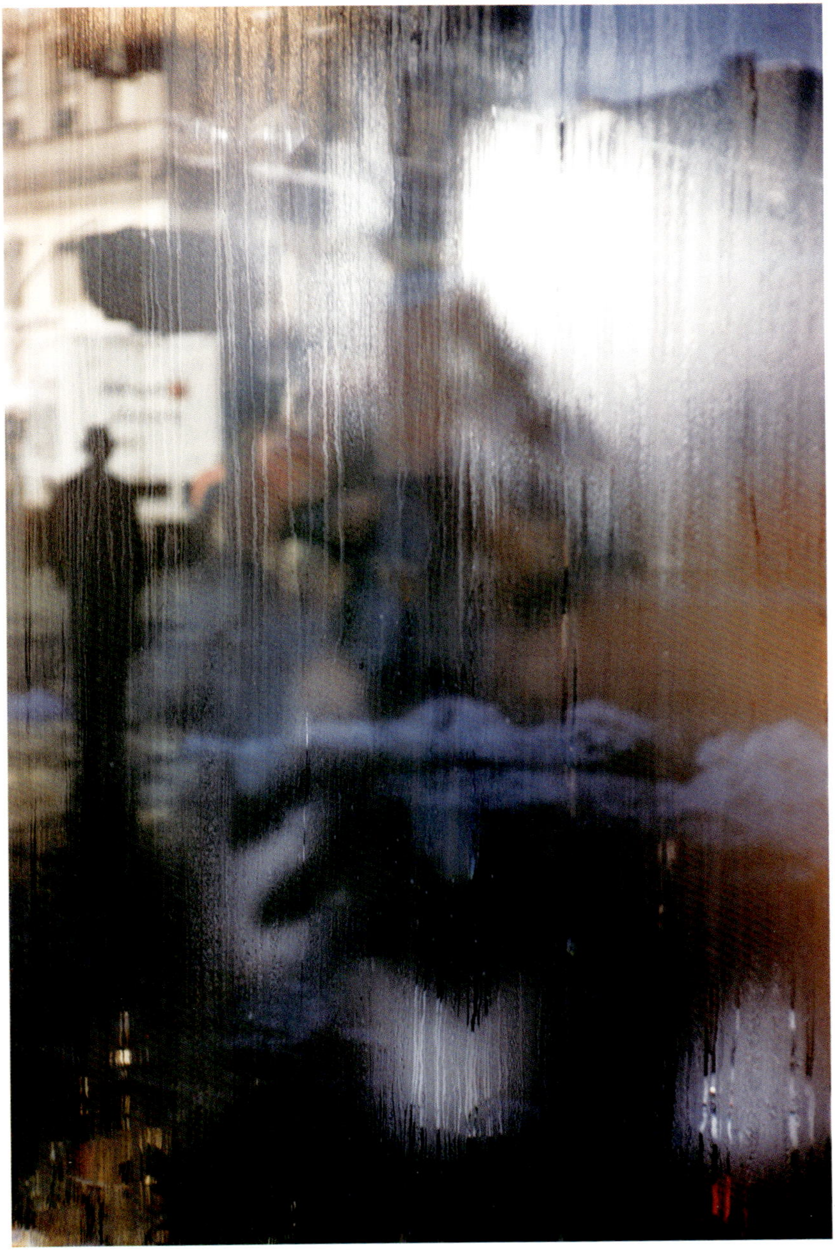

33. L'étalagiste, vers 1956.

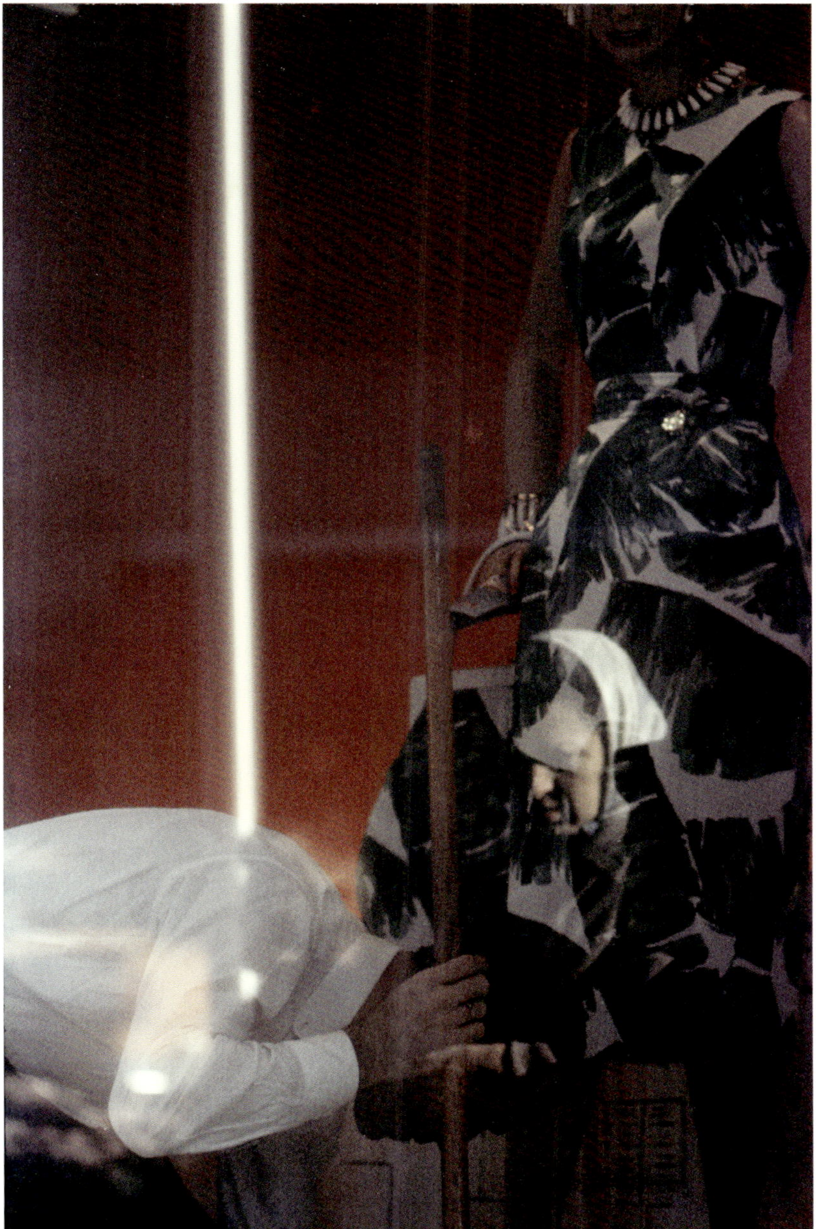

34. Barbara se cache, vers 1945.

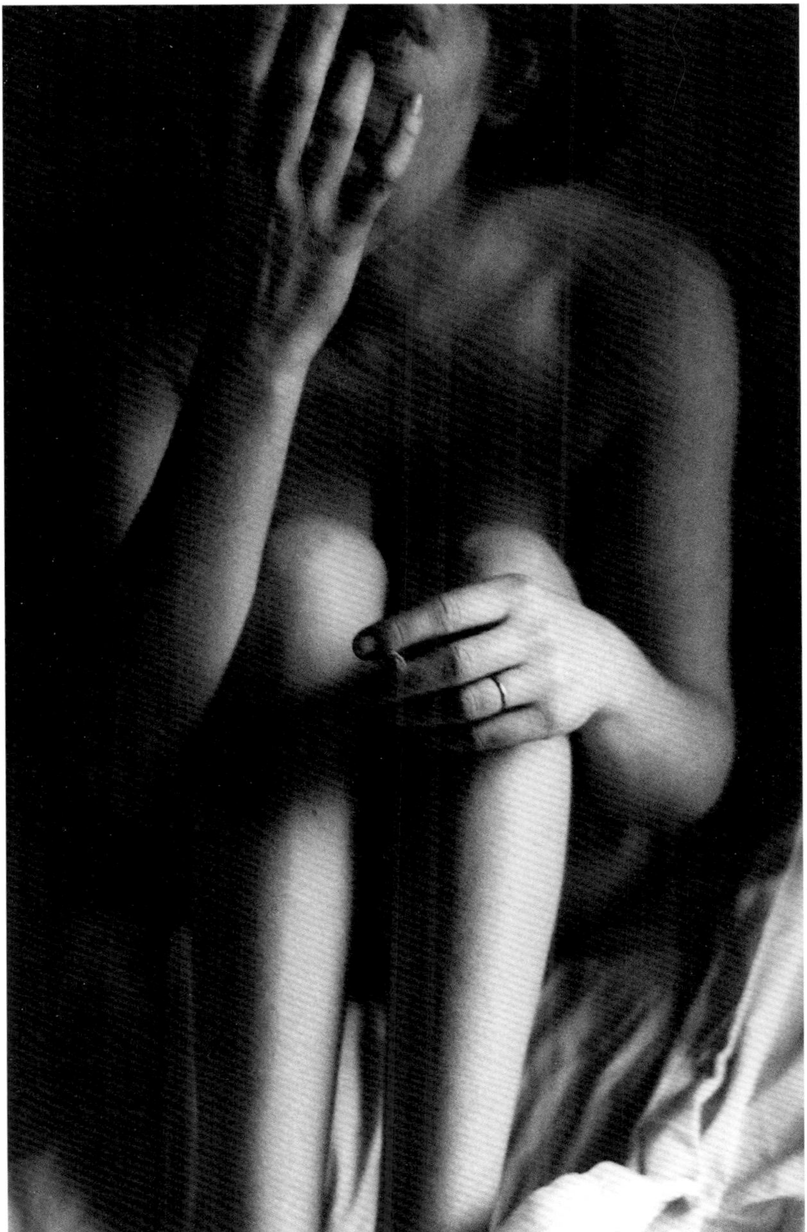

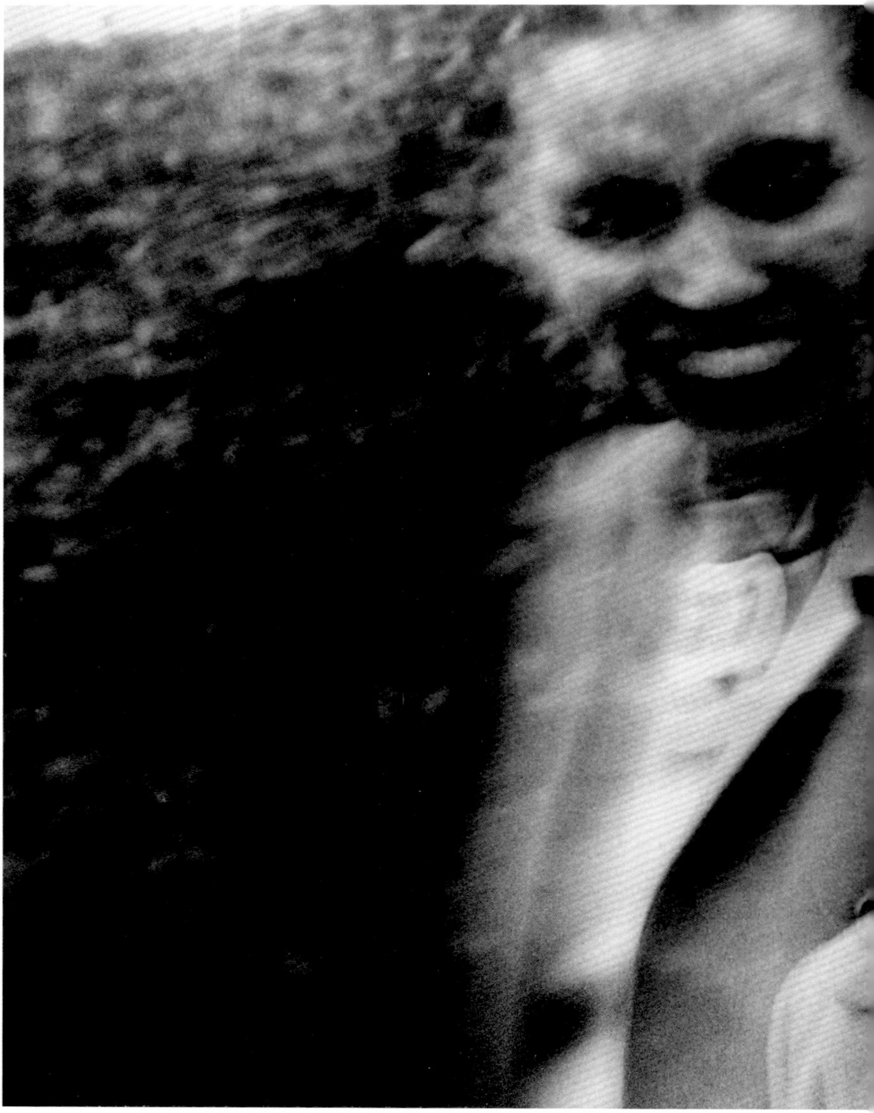

35. Evelyn Poussette-Dart, vers 1947.

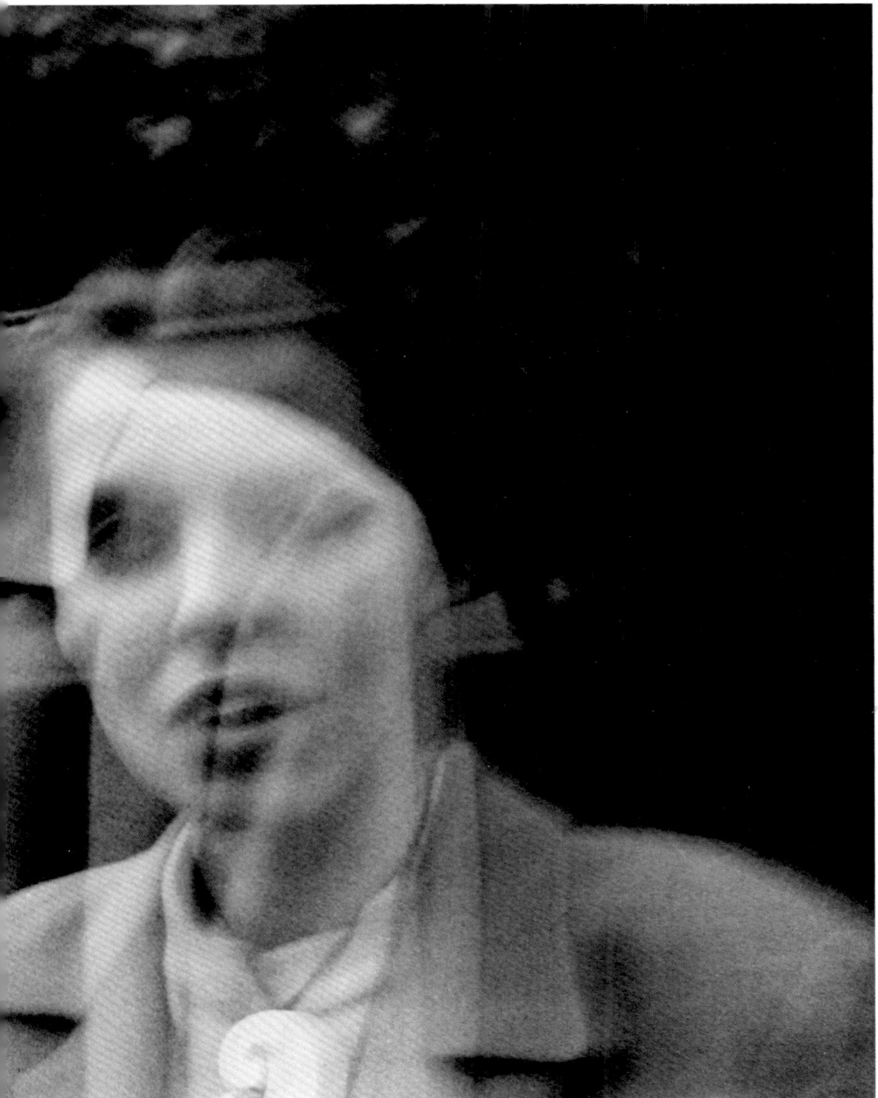

36. Le sommeil, vers 1955.

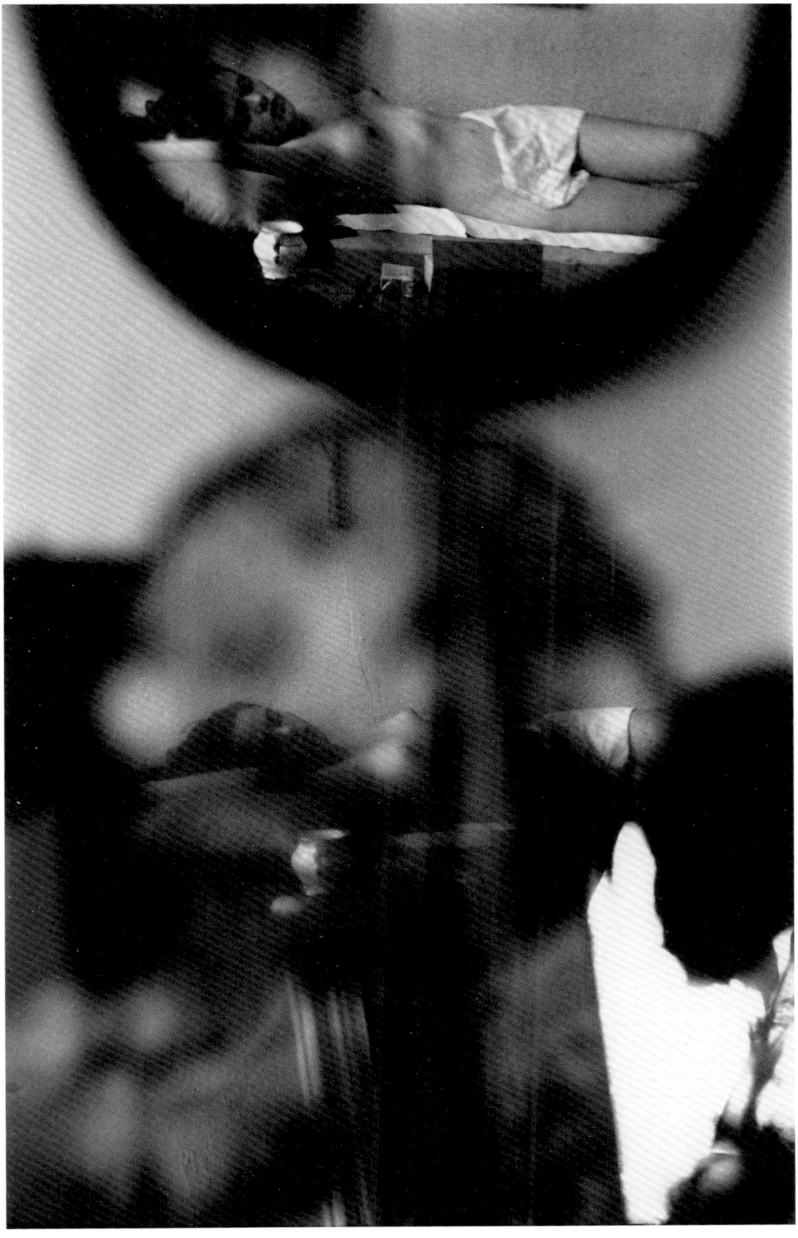

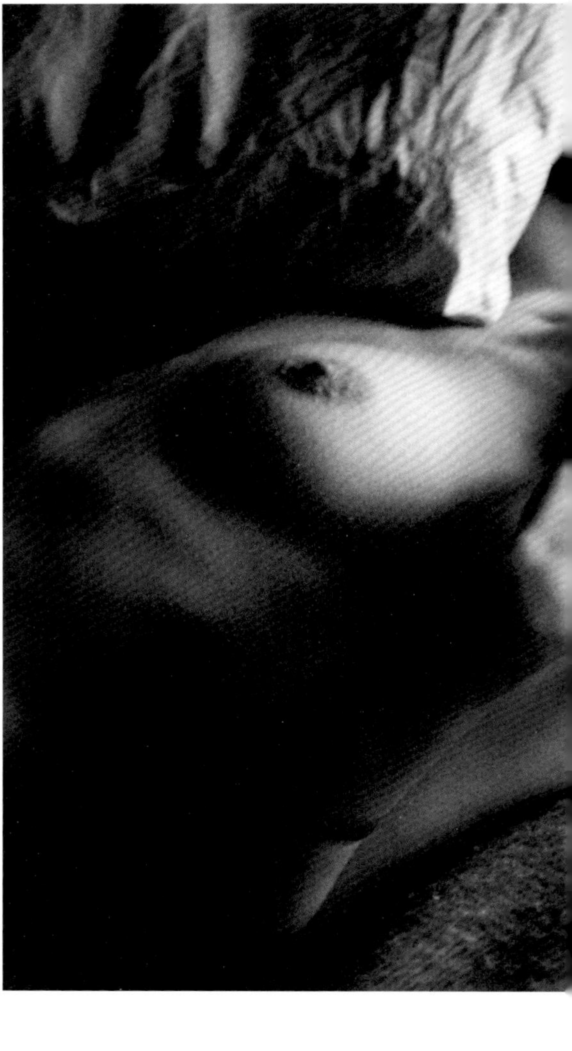

37. Nu, vers 1945.

Pages suivantes : 38. Le sommeil, vers 1958.

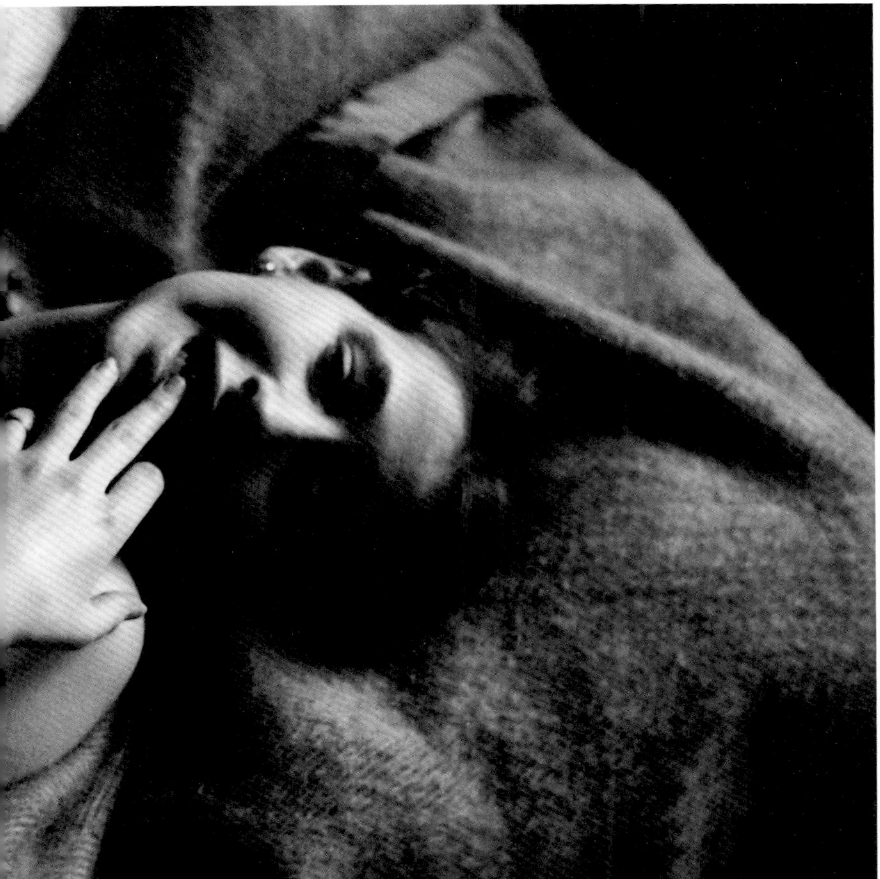

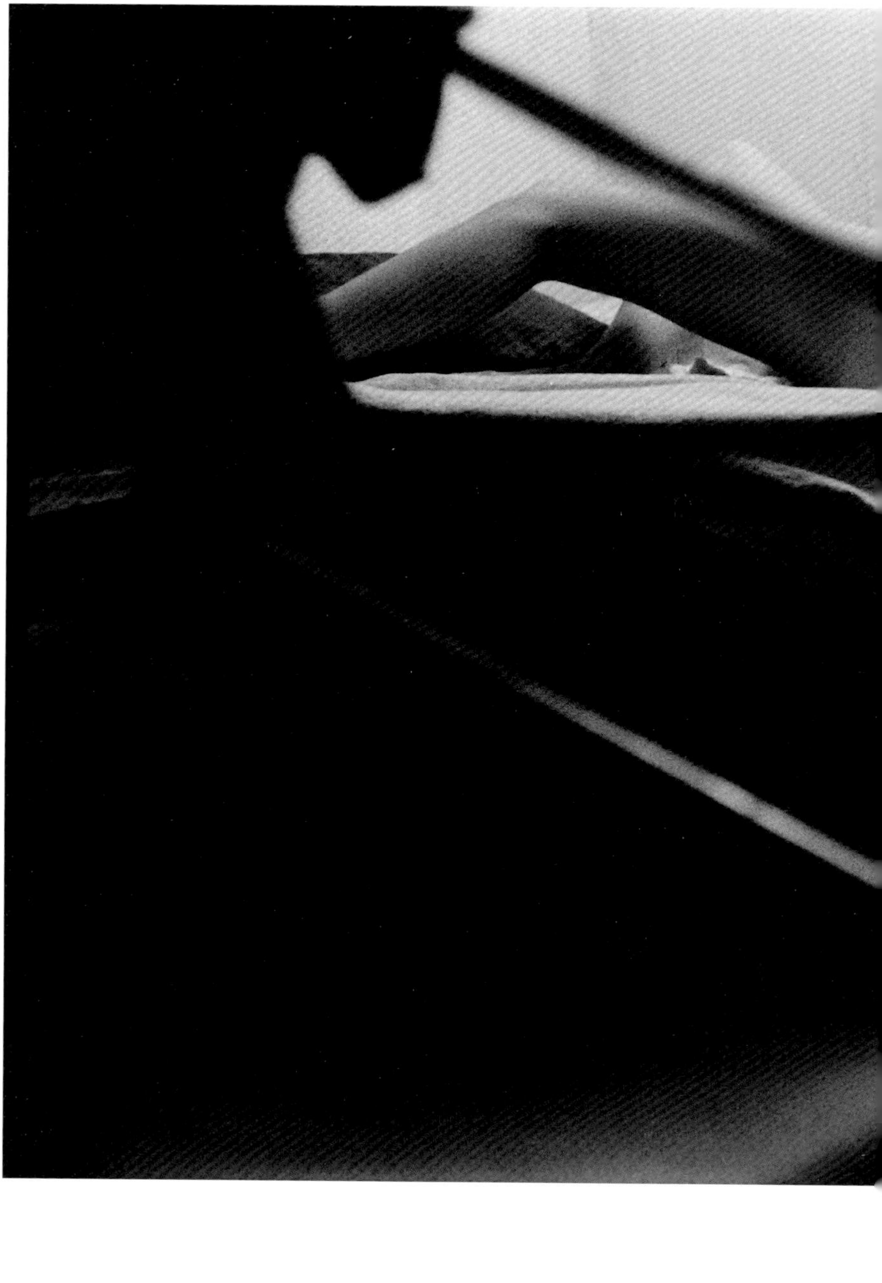

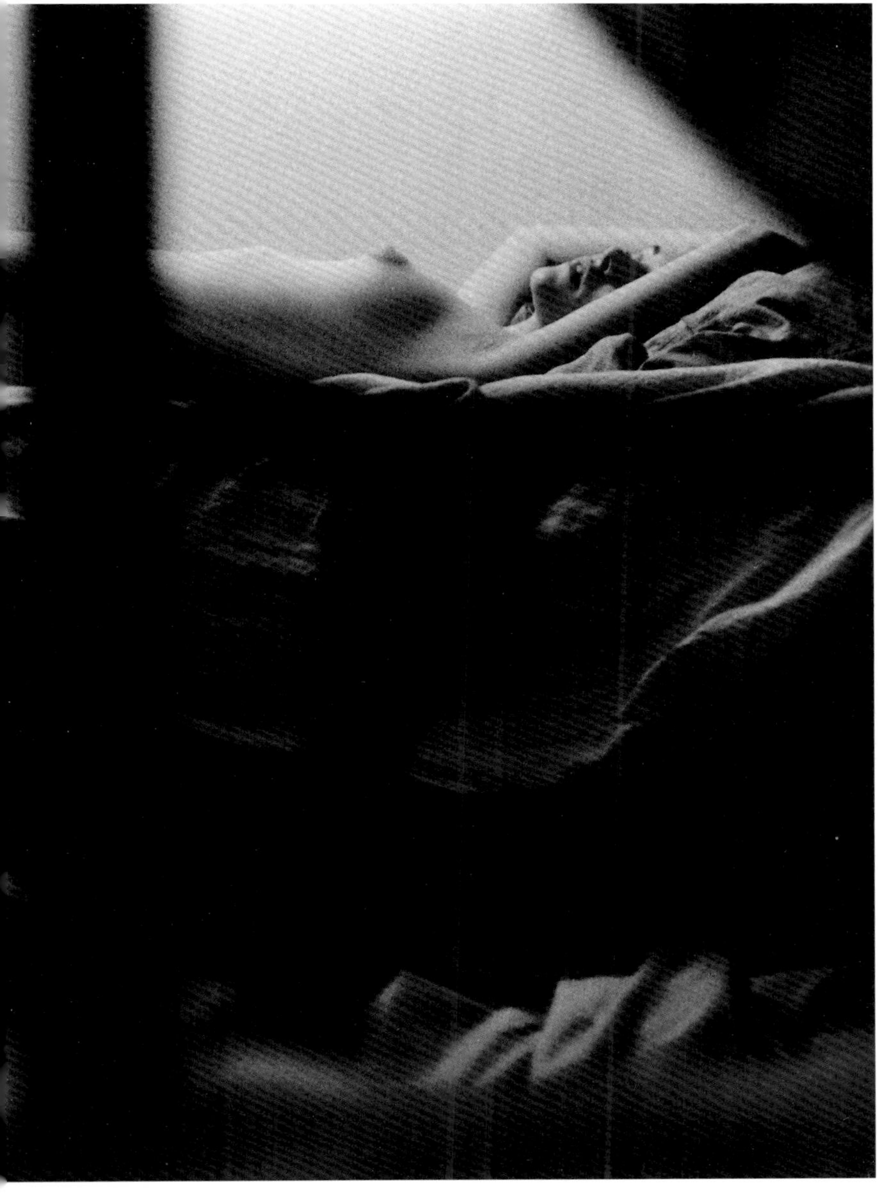

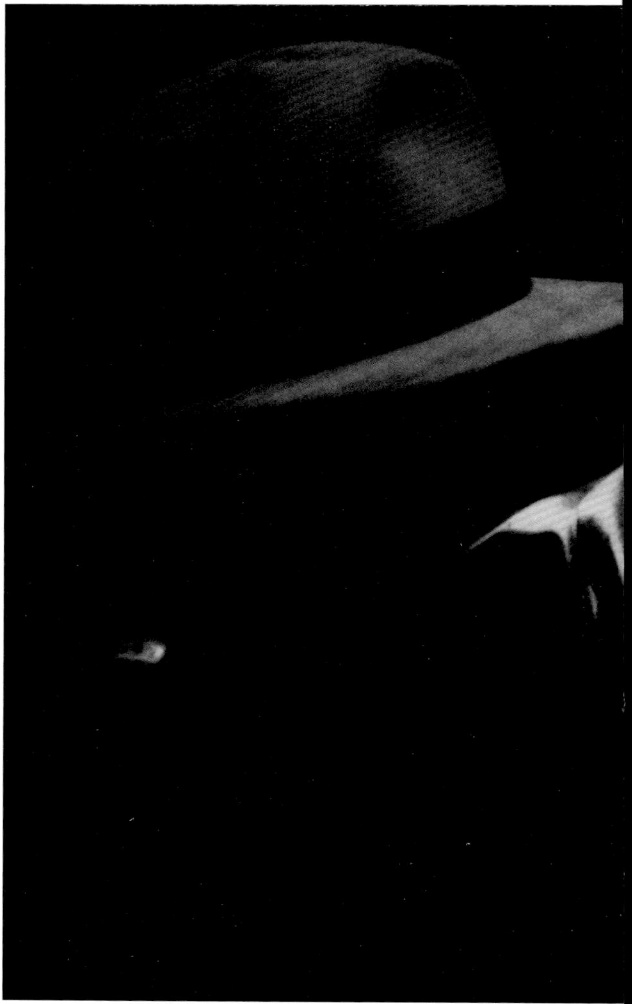

39. Halloween, vers 1952.

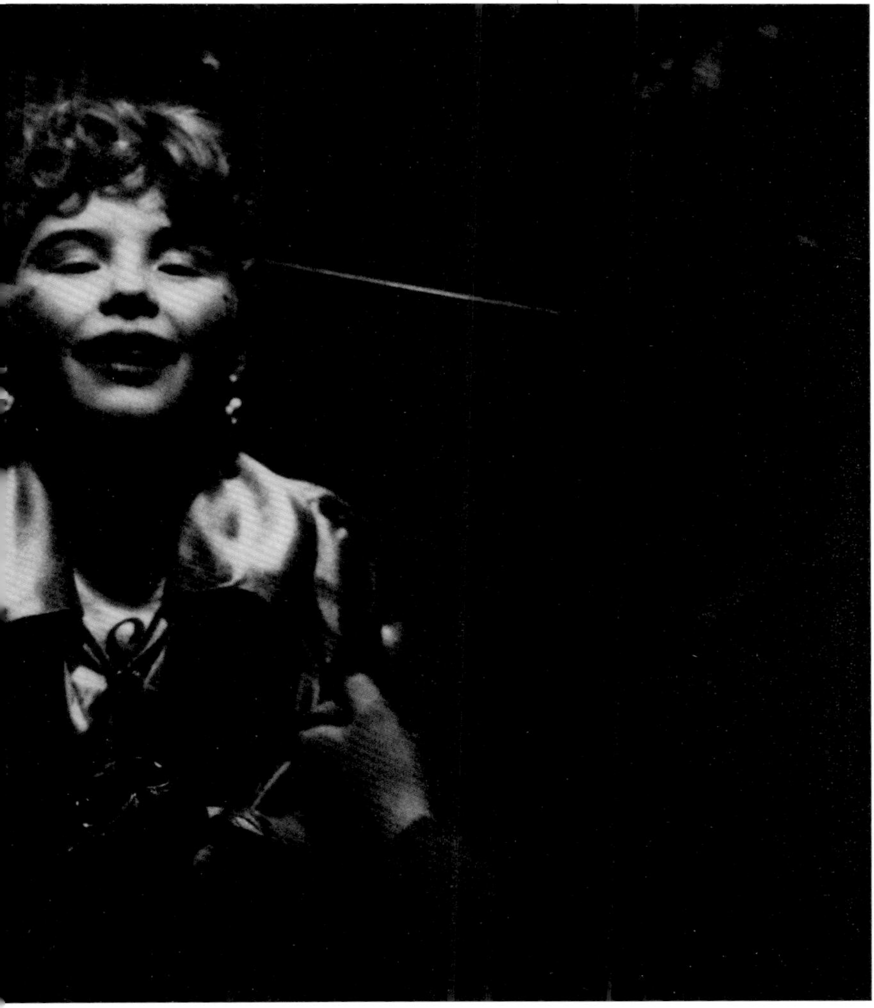

40. Shopping, vers 1953.

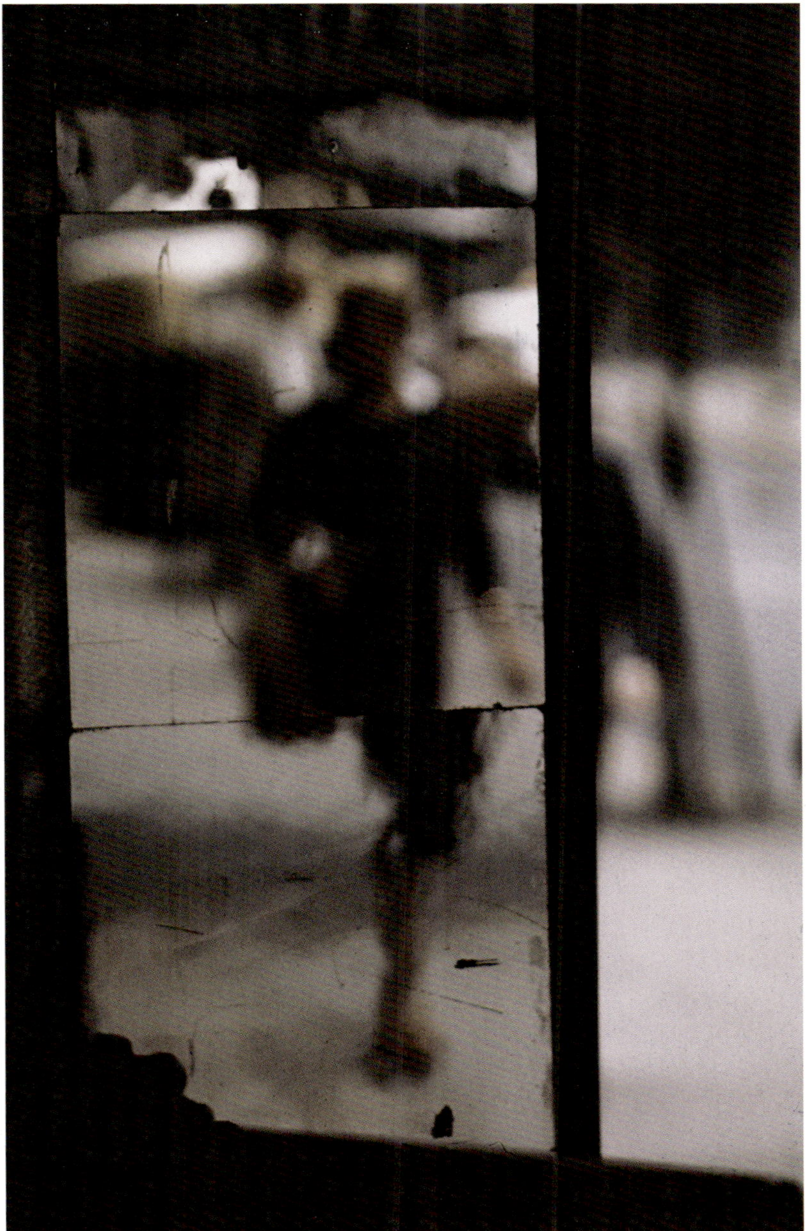

41. Fête, vers 1953.

Pages suivantes : 42. Barbara, vers 1951.

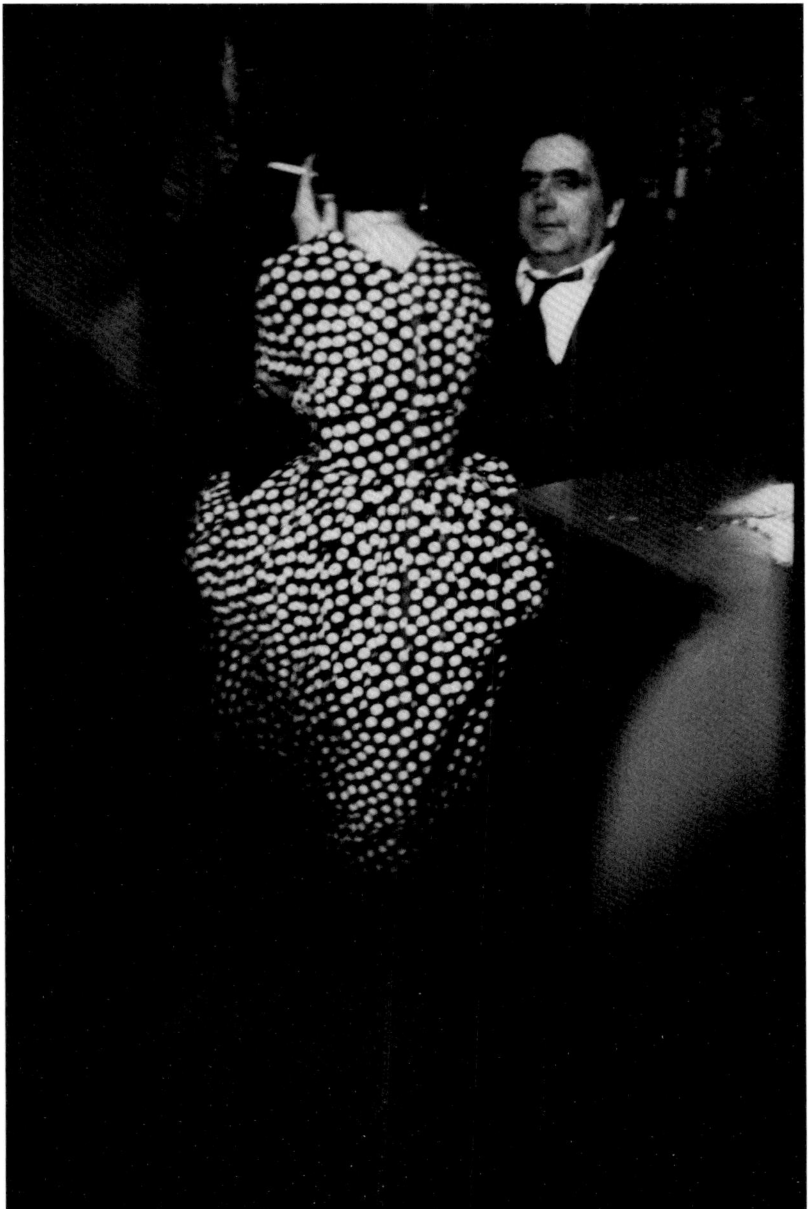

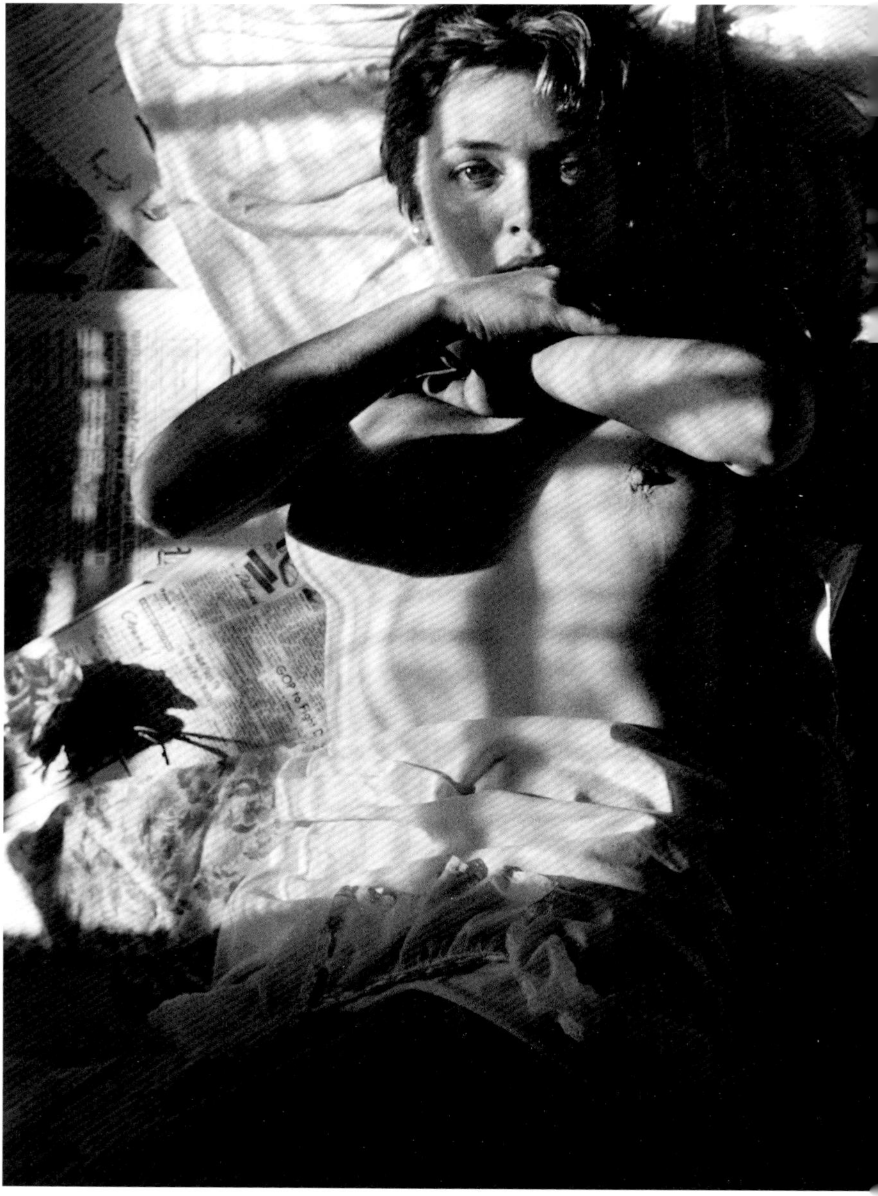
GOP to Fight

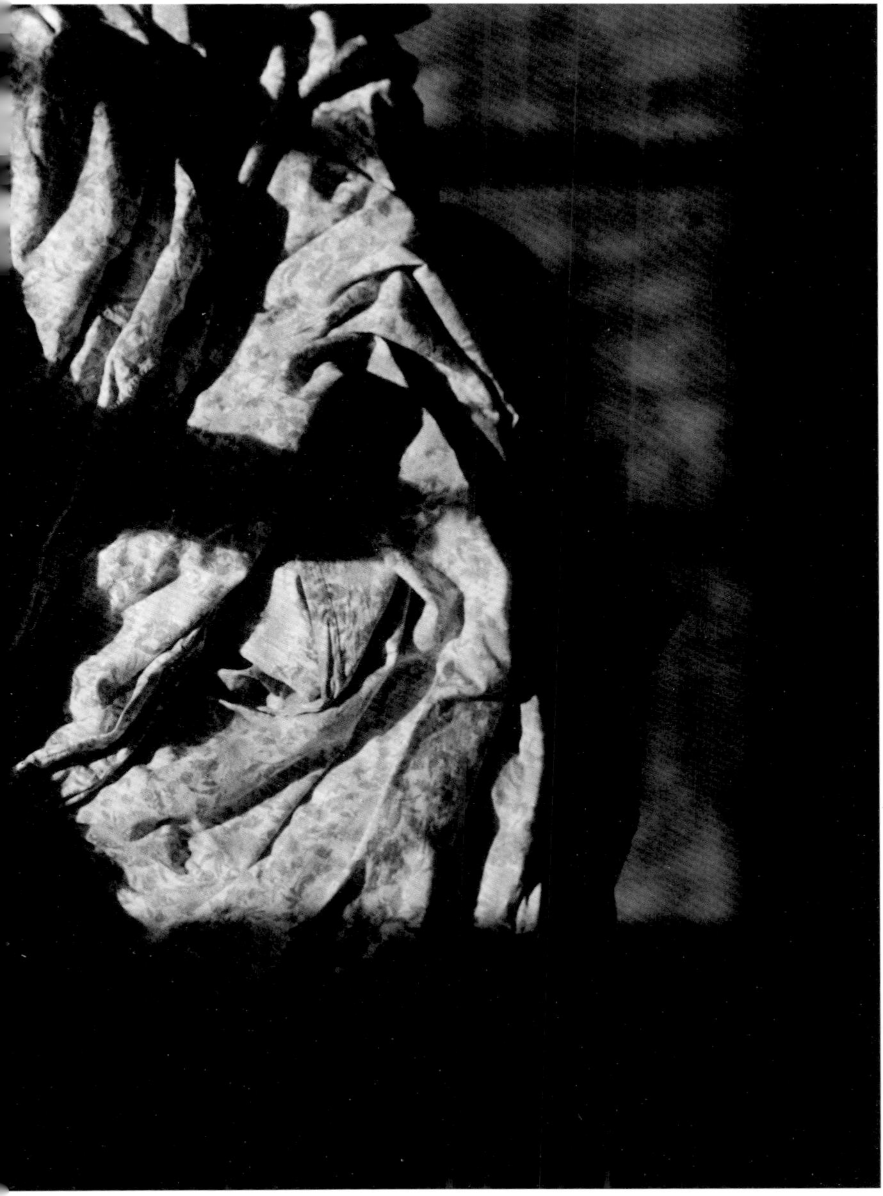

43. Jean Pearson, vers 1948.

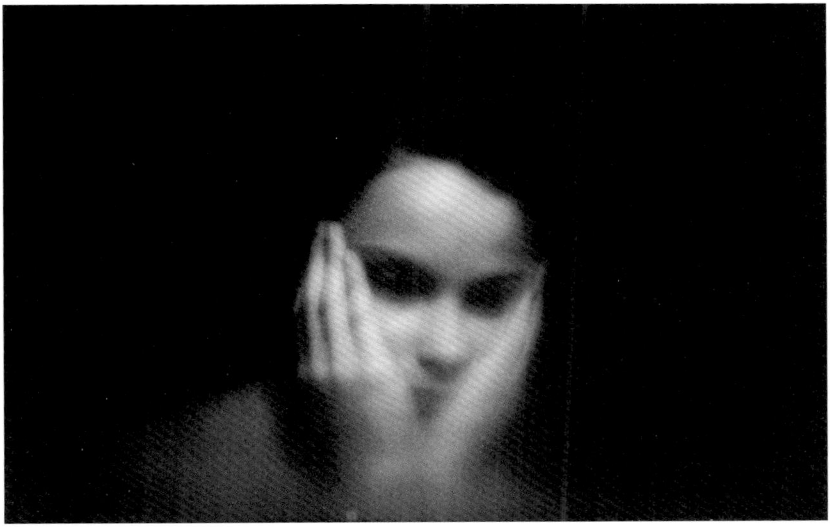

44. Parapluie couleur prune, vers 1957.

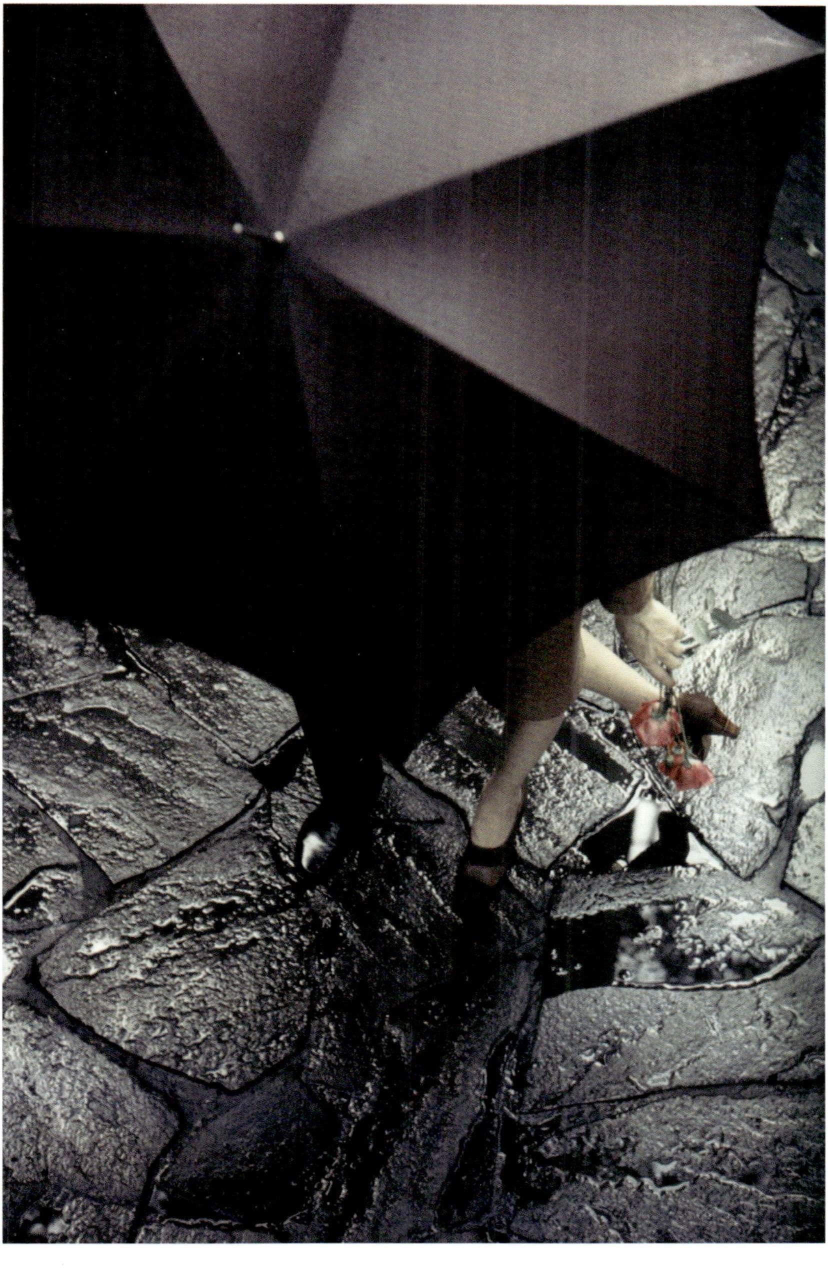

45. 42e Rue, vers 1948.

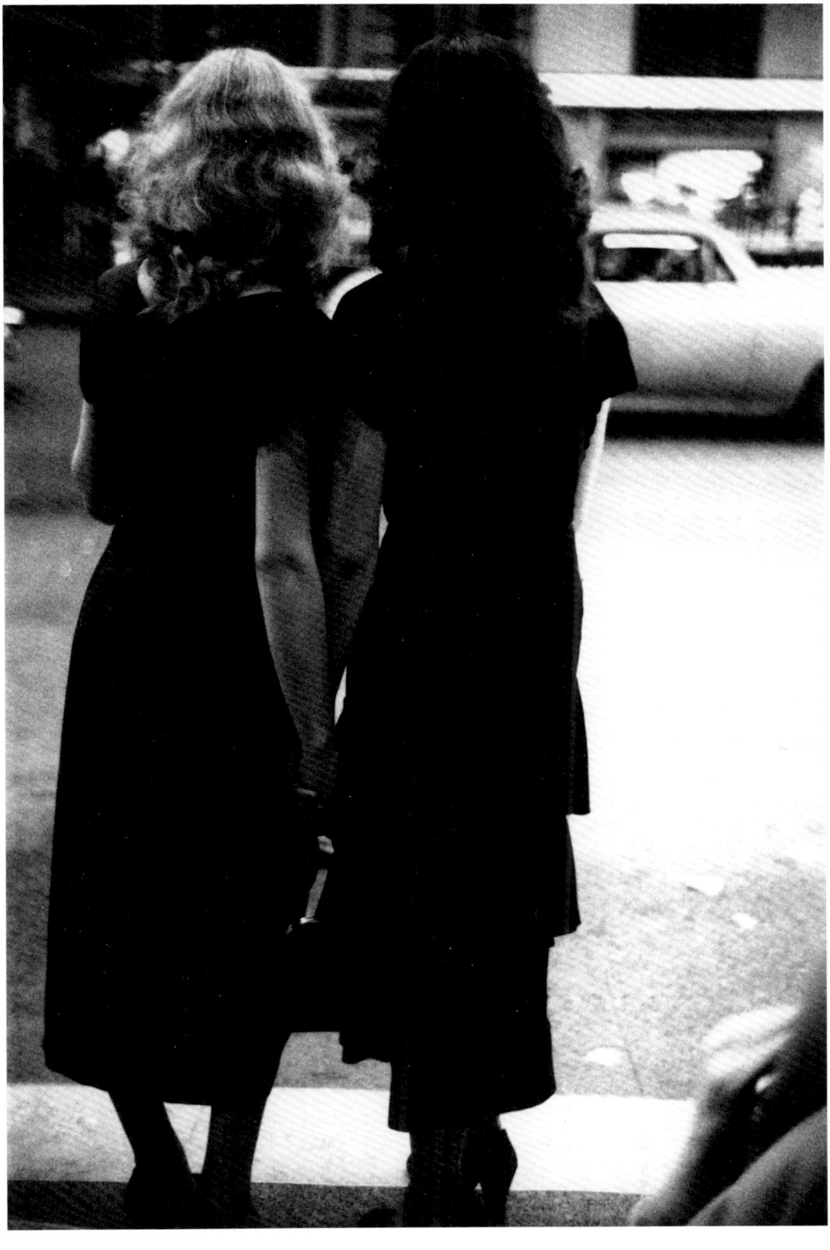

46. Le ruban, vers 1952.

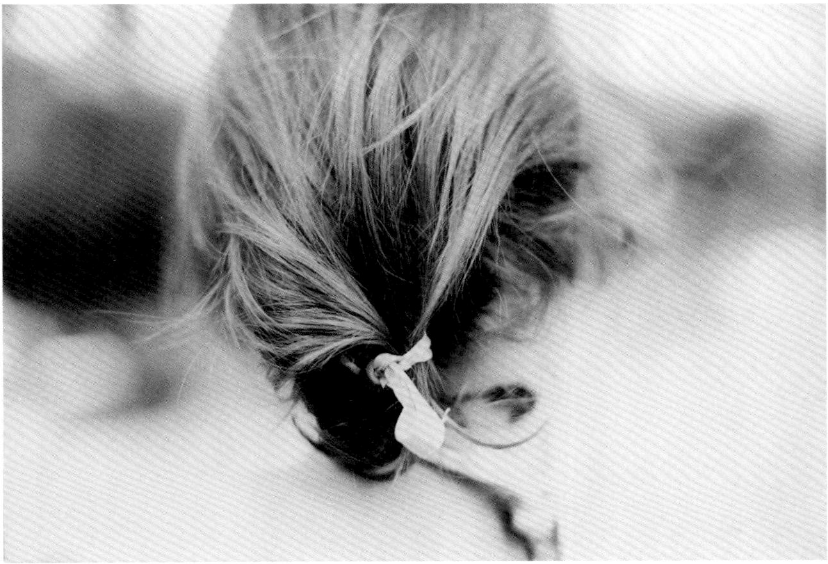

47. La couturière, vers 1952.

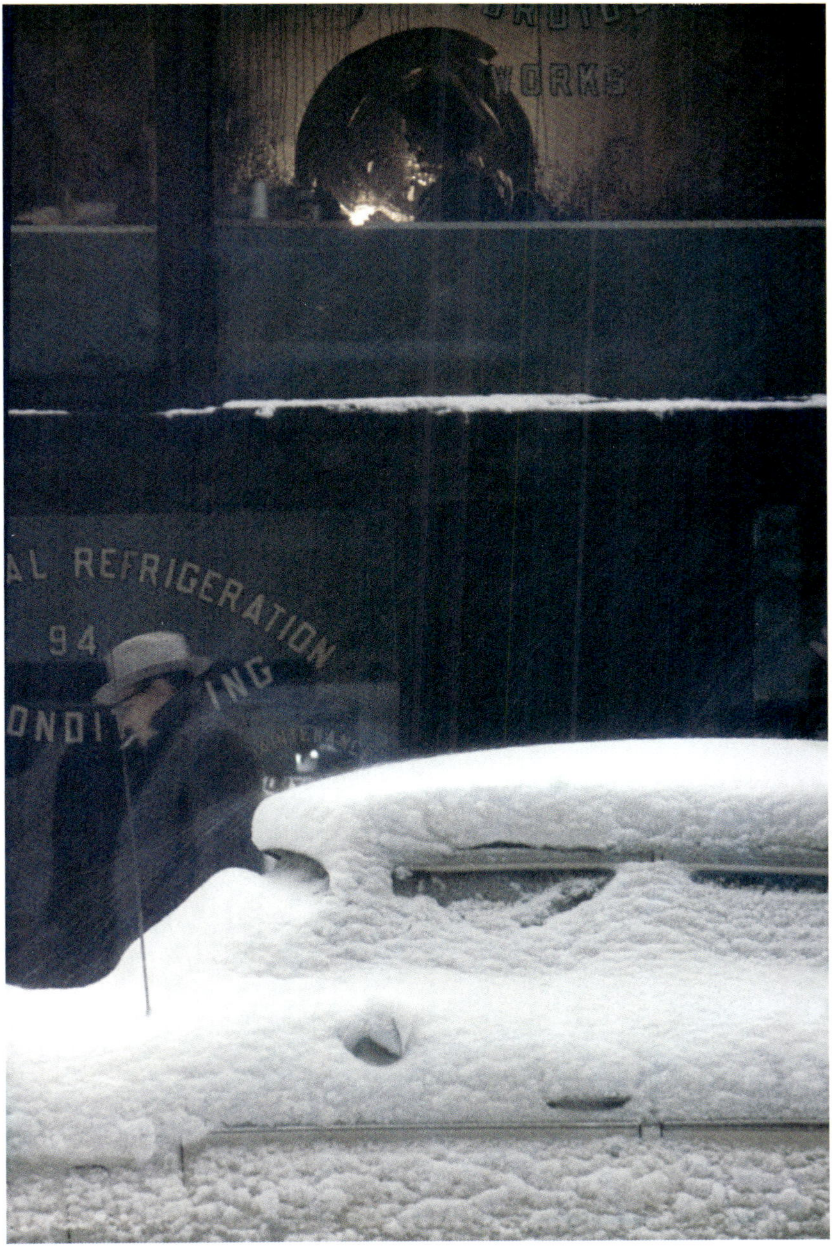
WORKS
AL REFRIGERATION
94
ING
ONDI

48. Fumeur, vers 1963.

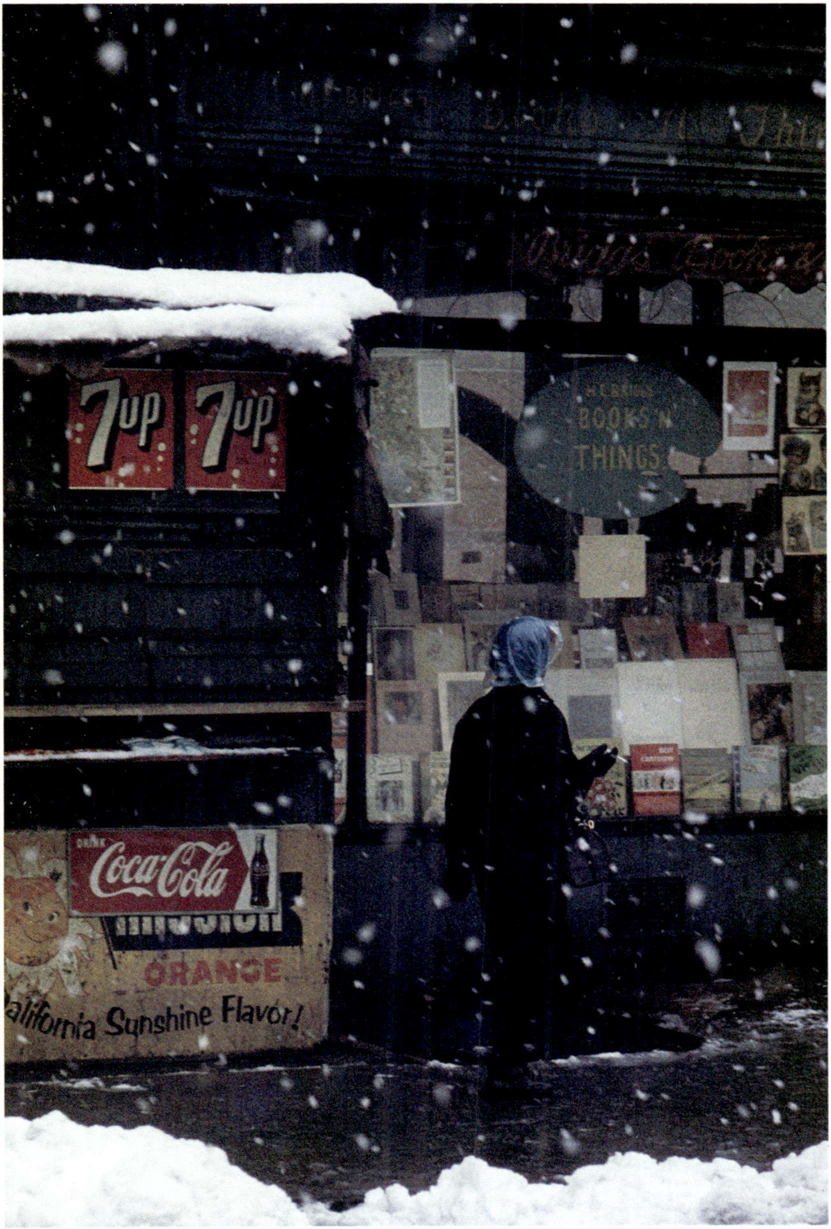
7up
7up
BOOKS 'N
THINGS
Coca-Cola
ORANGE
alifornia Sunshine Flavor!

49. Le parapluie rouge, vers 1963.

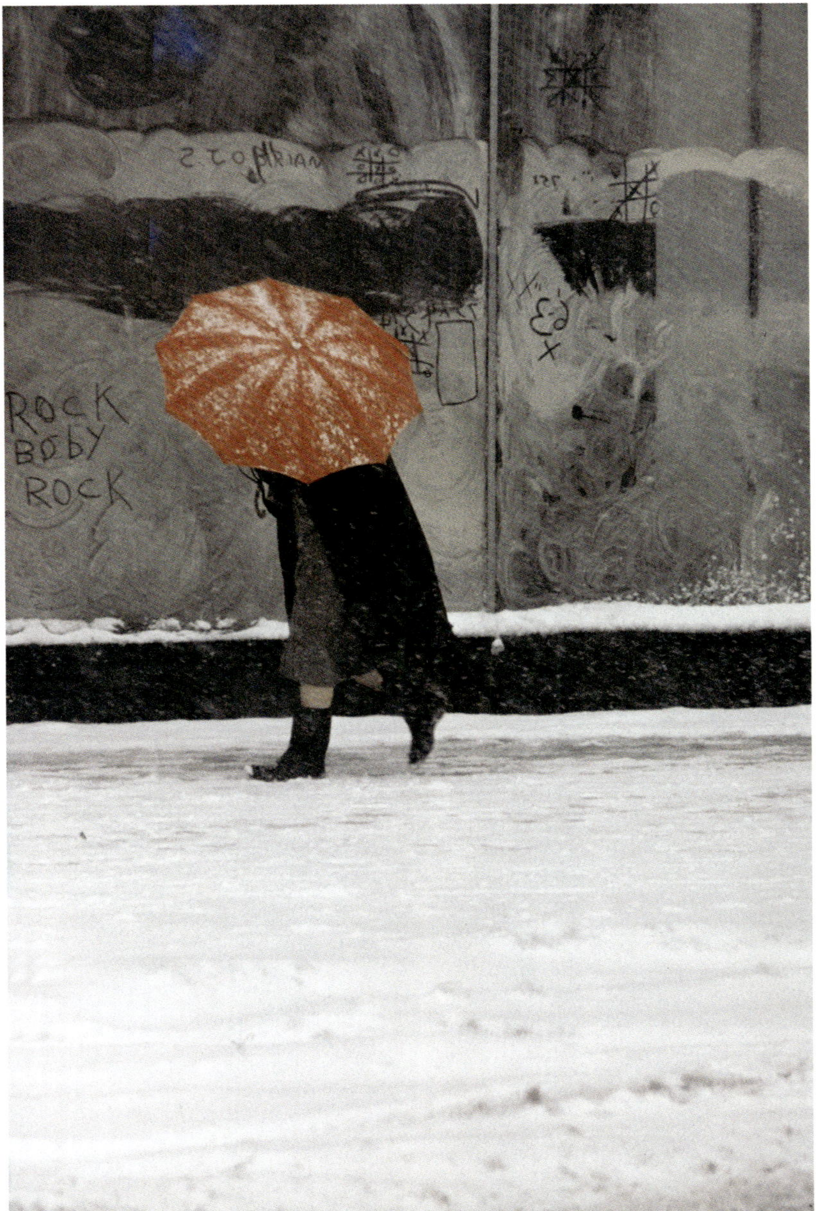
ROCK
ROCK

50. Feu rouge, vers 1957.

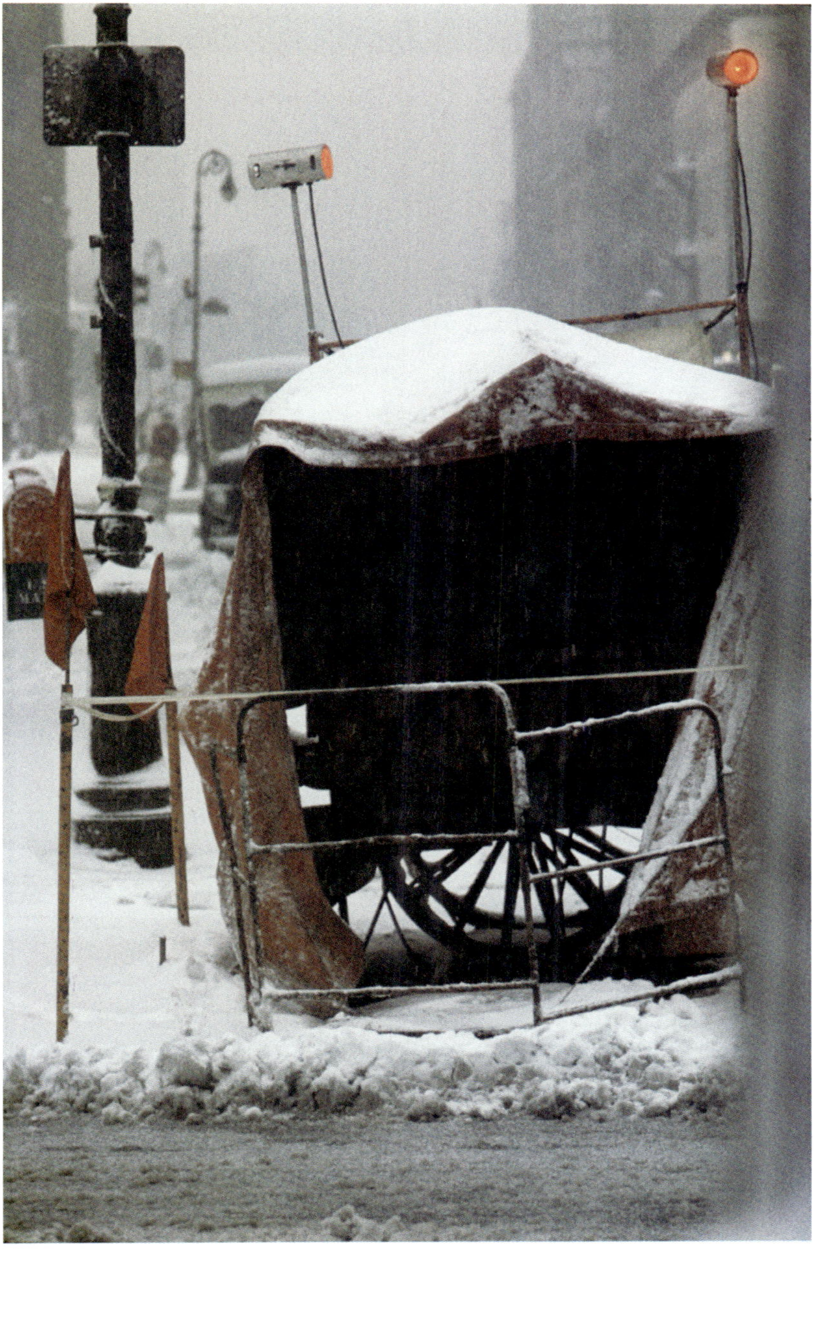

51. Mariage, vers 1948.

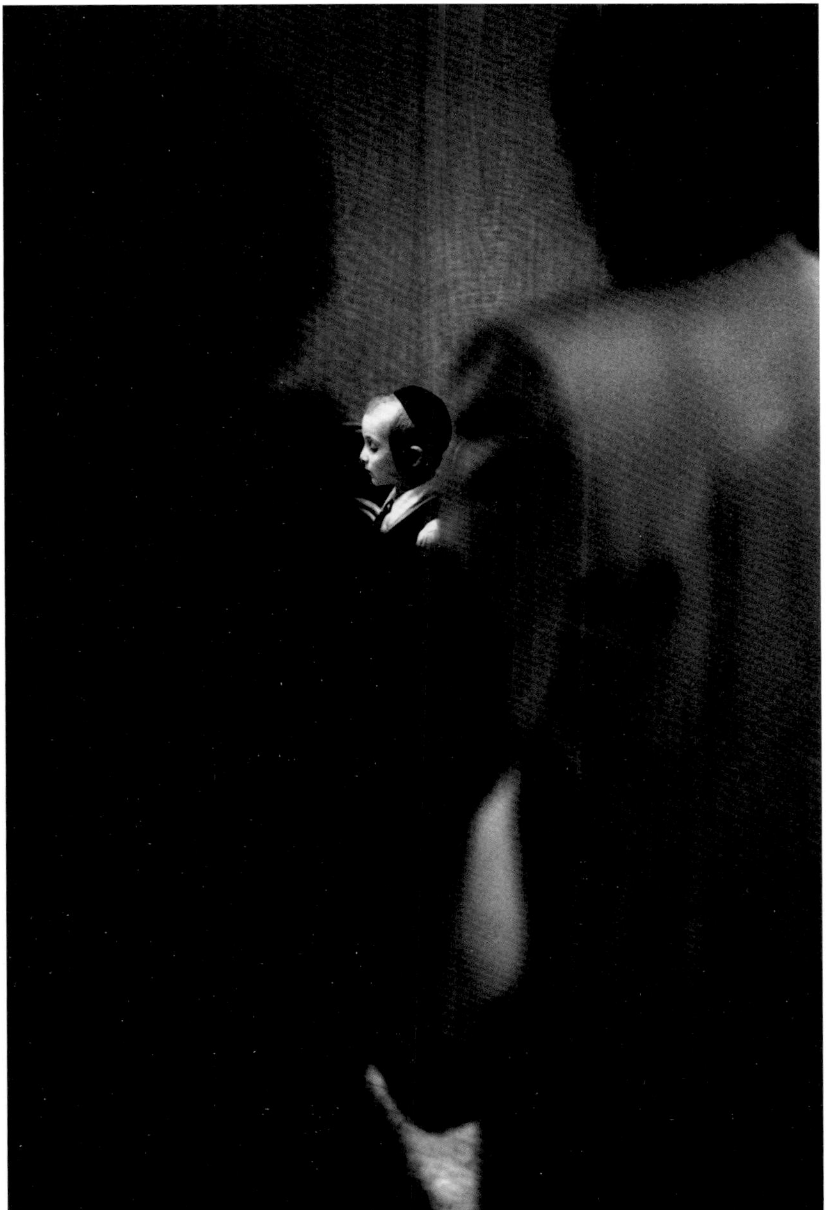

52. En promenade avec Bob, vers 1954.

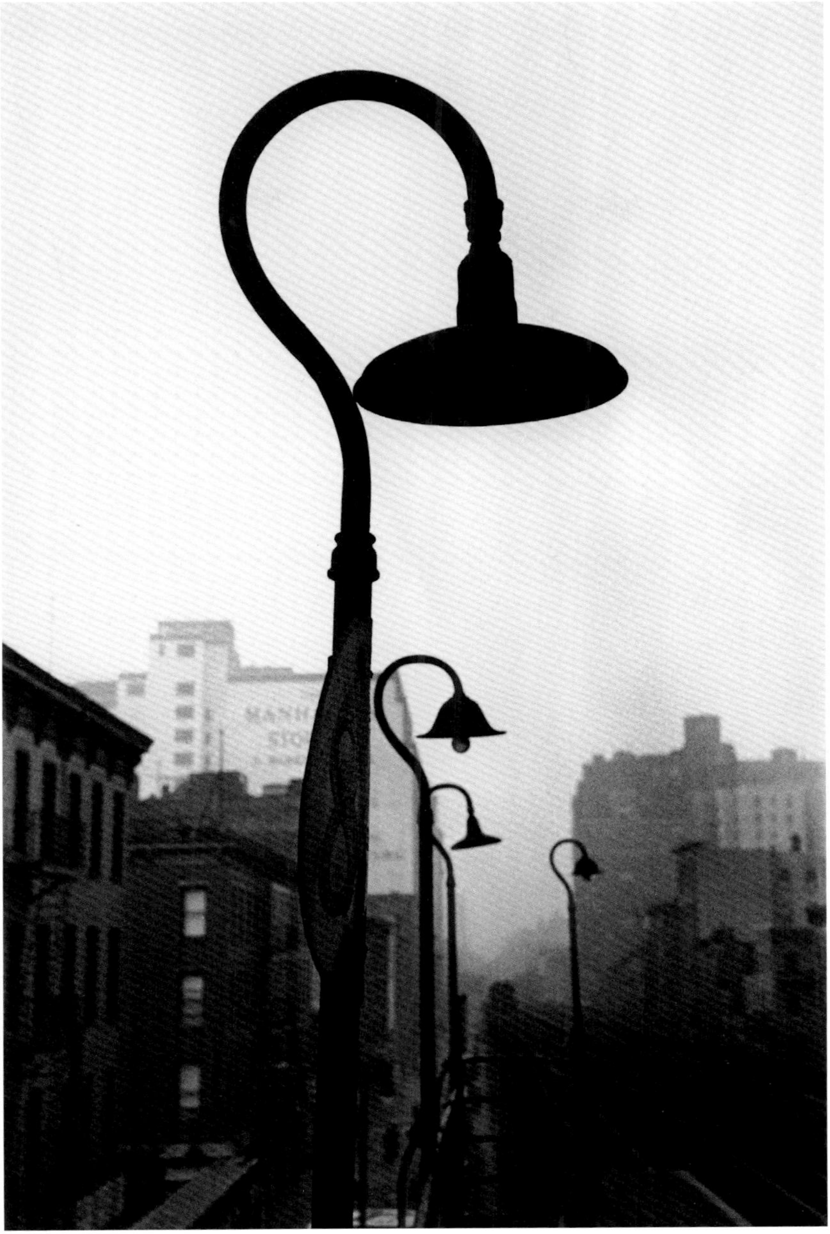

53. Ouvrier, vers 1956.

Pages suivantes : 54. Station de métro, vers 1954.

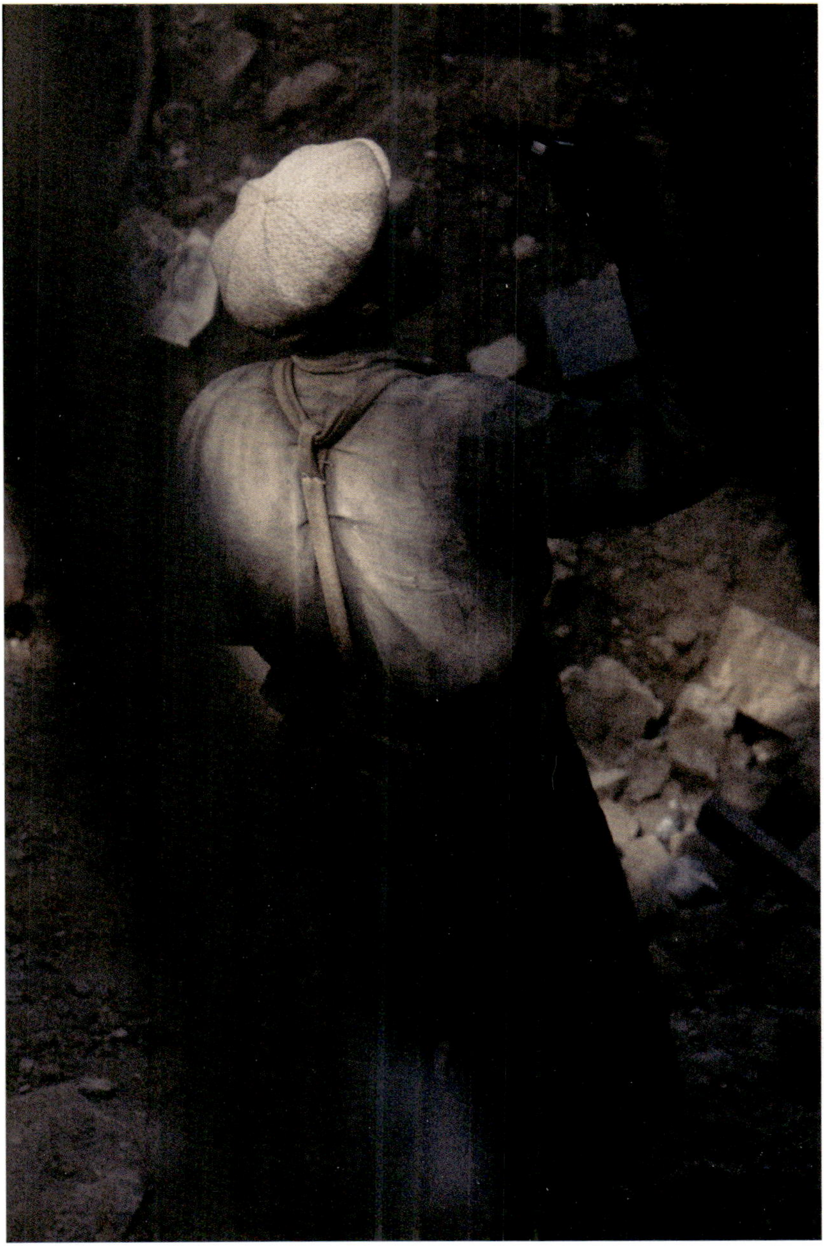

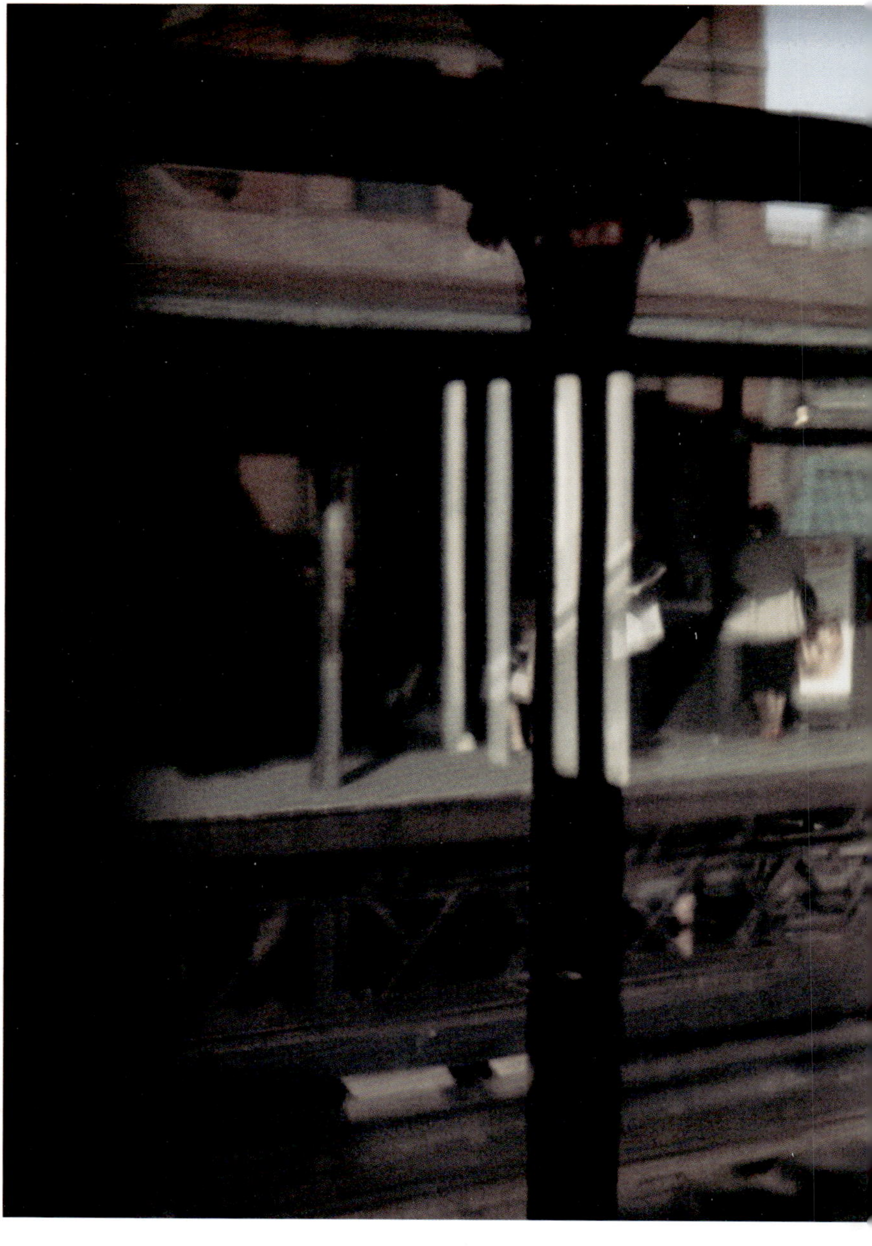

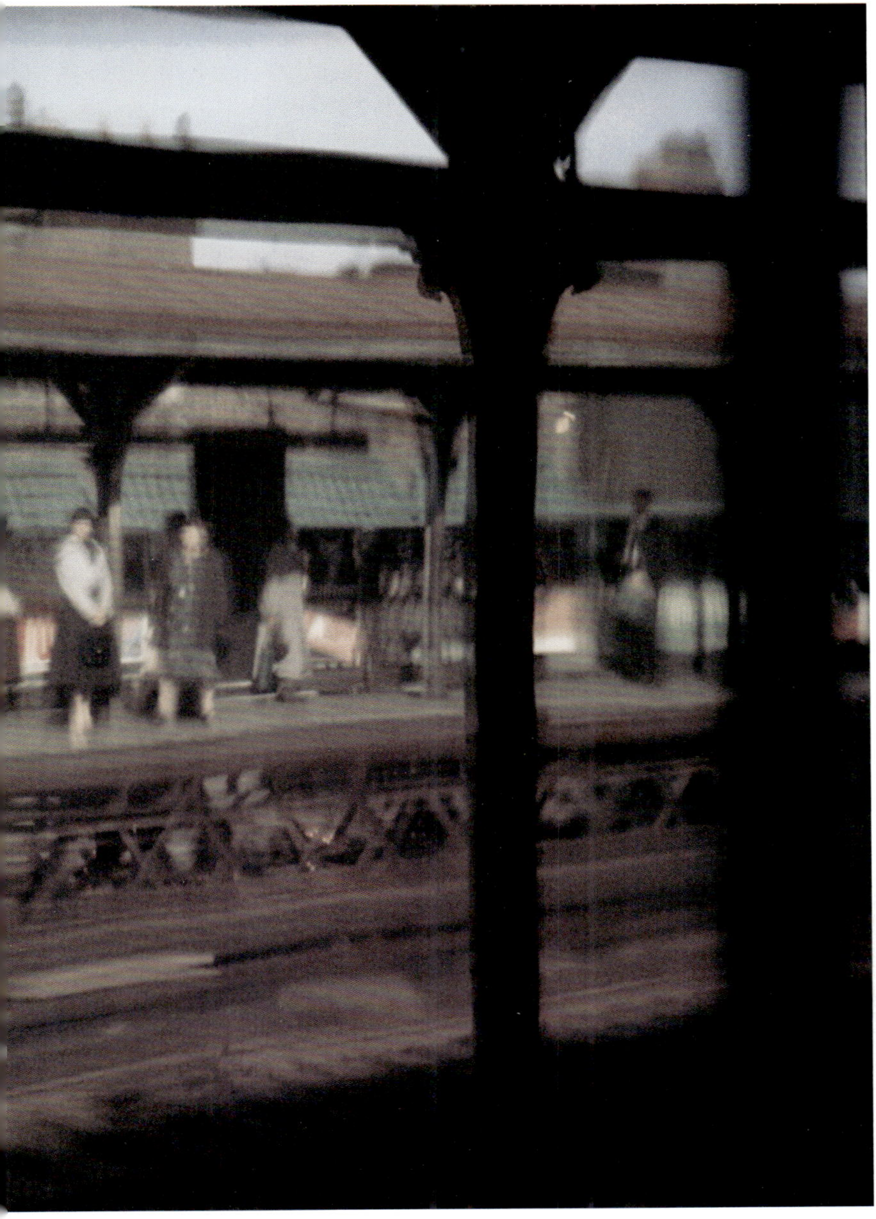

55. Les marches du Tanager, vers 1954.

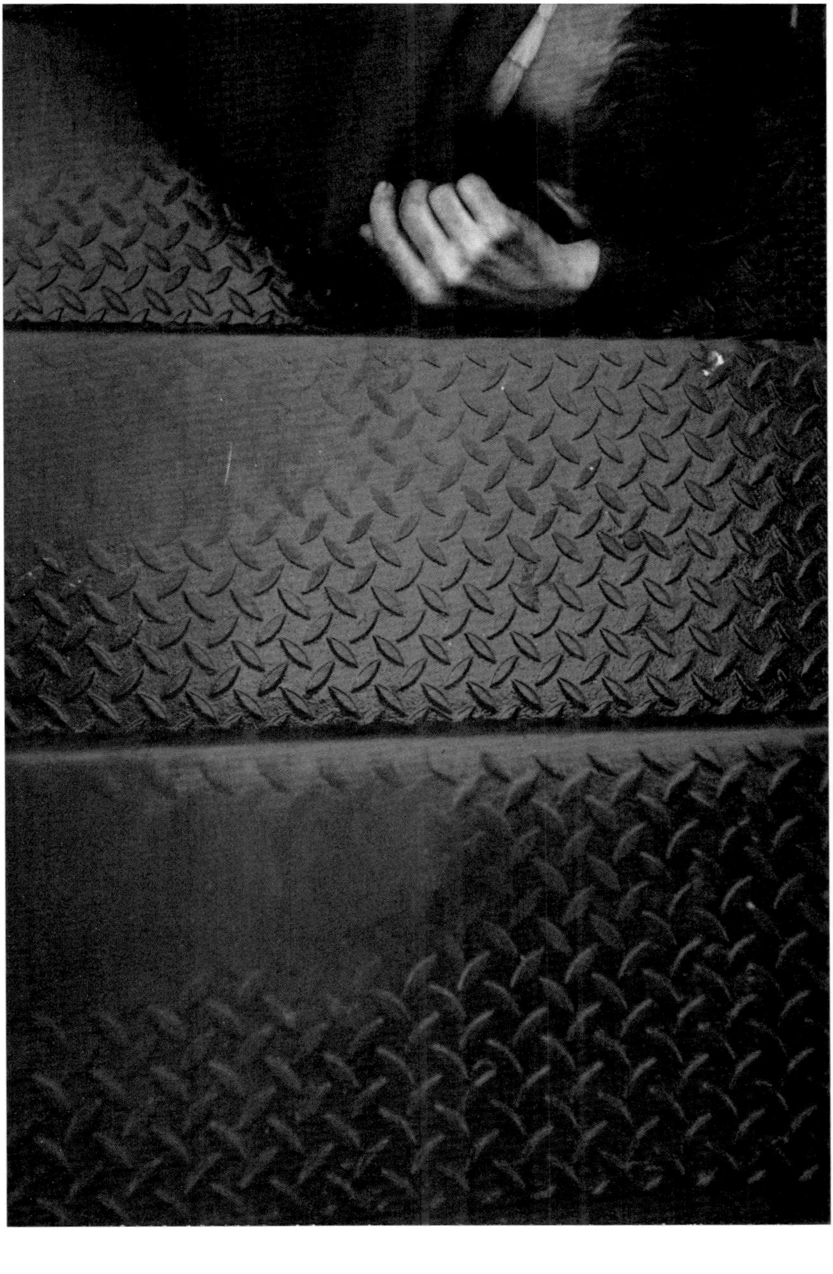

56. Pied dans le métro, vers 1954.

Pages suivantes : 57. Le cheval, vers 1958.

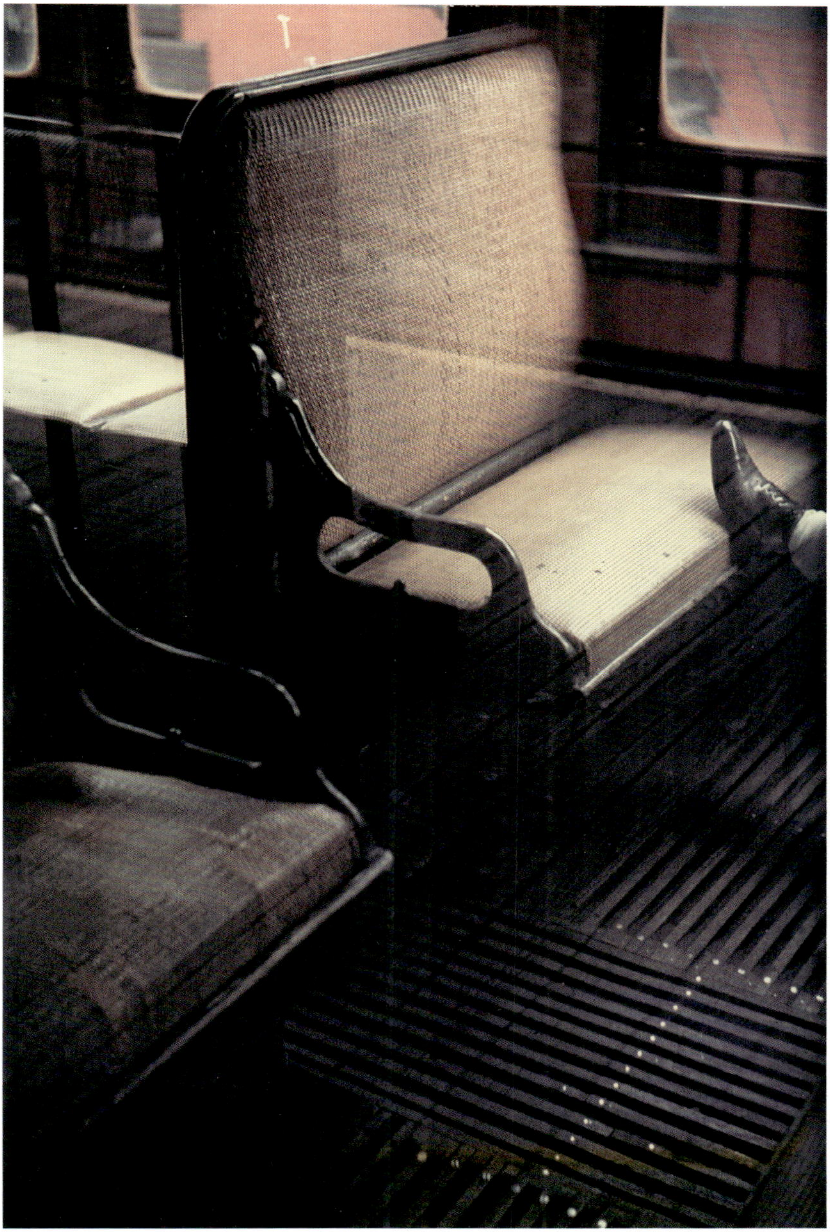

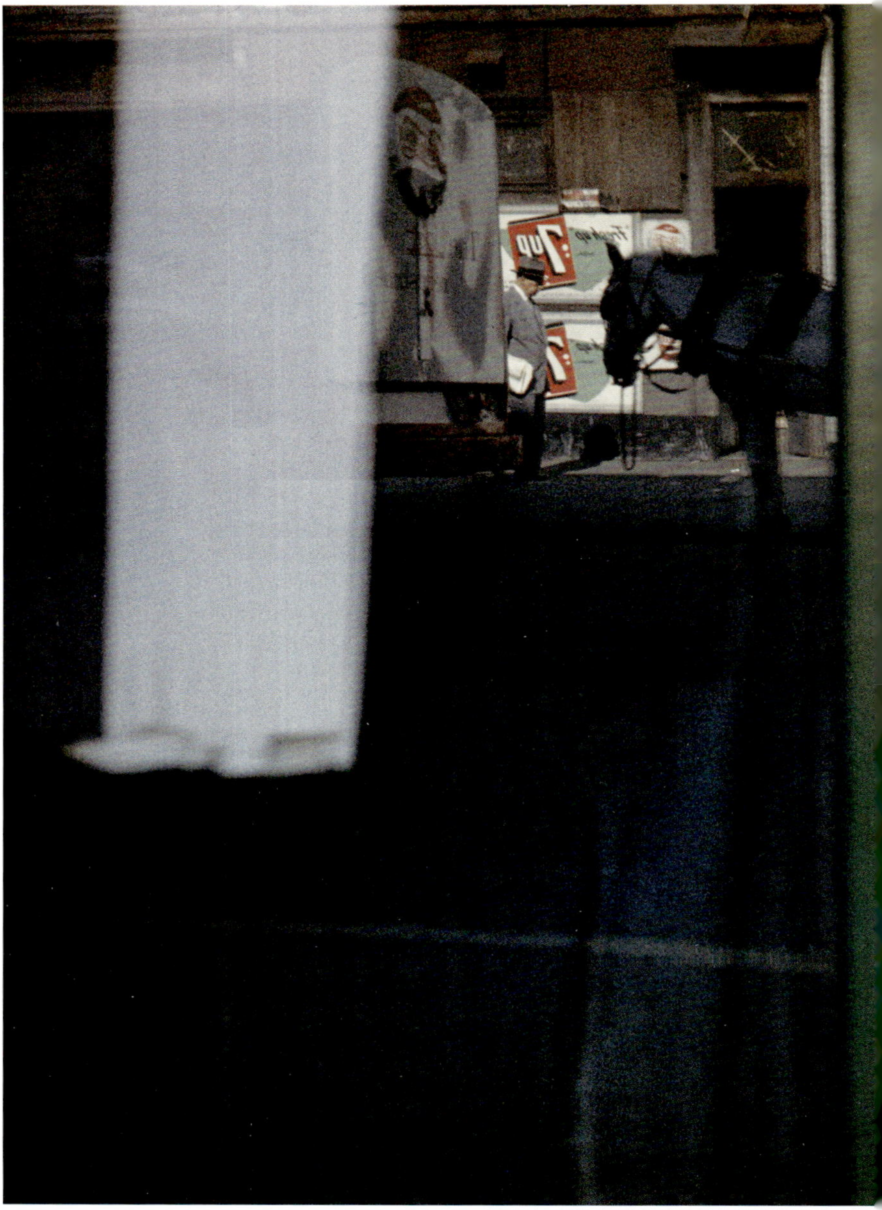

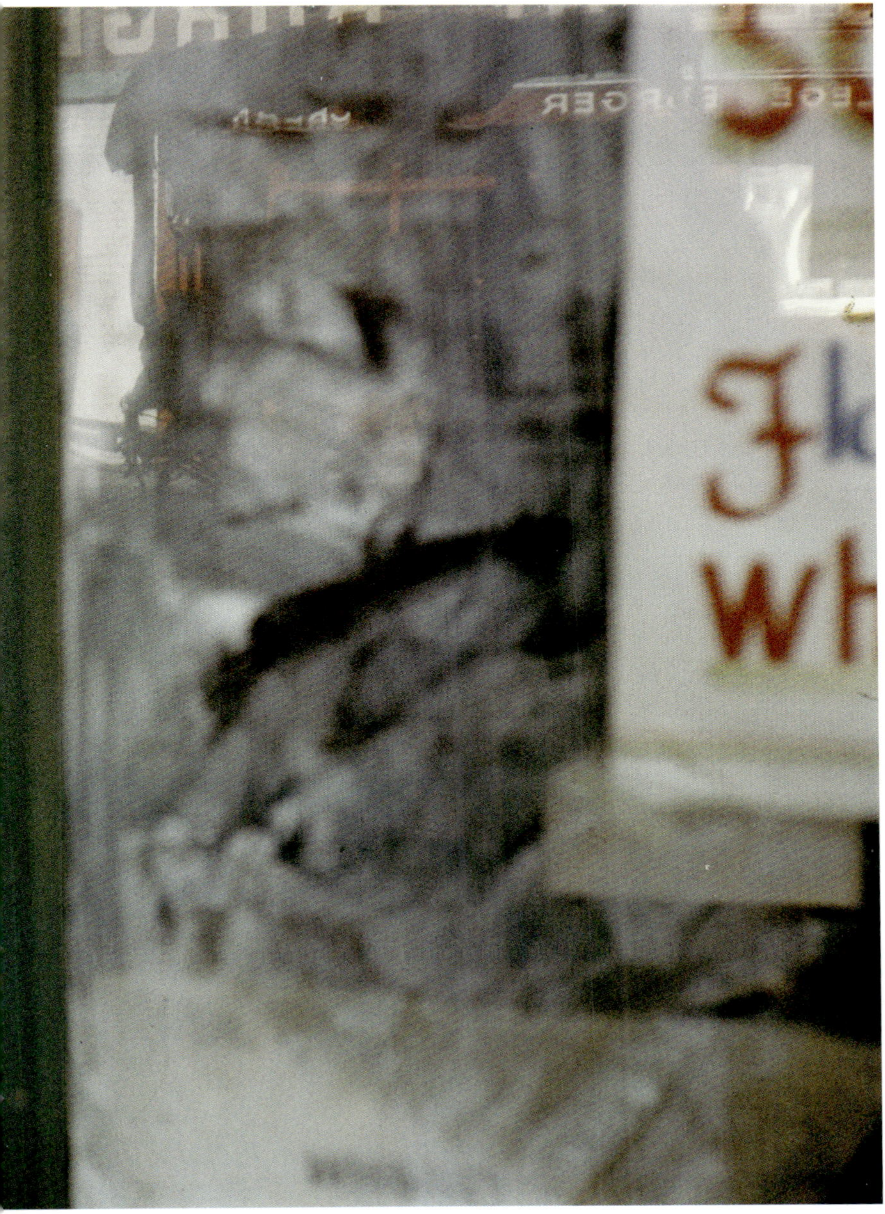

58. Deux dames, vers 1948.

Pages suivantes : 59. Kathy et Gloria, vers 1947.

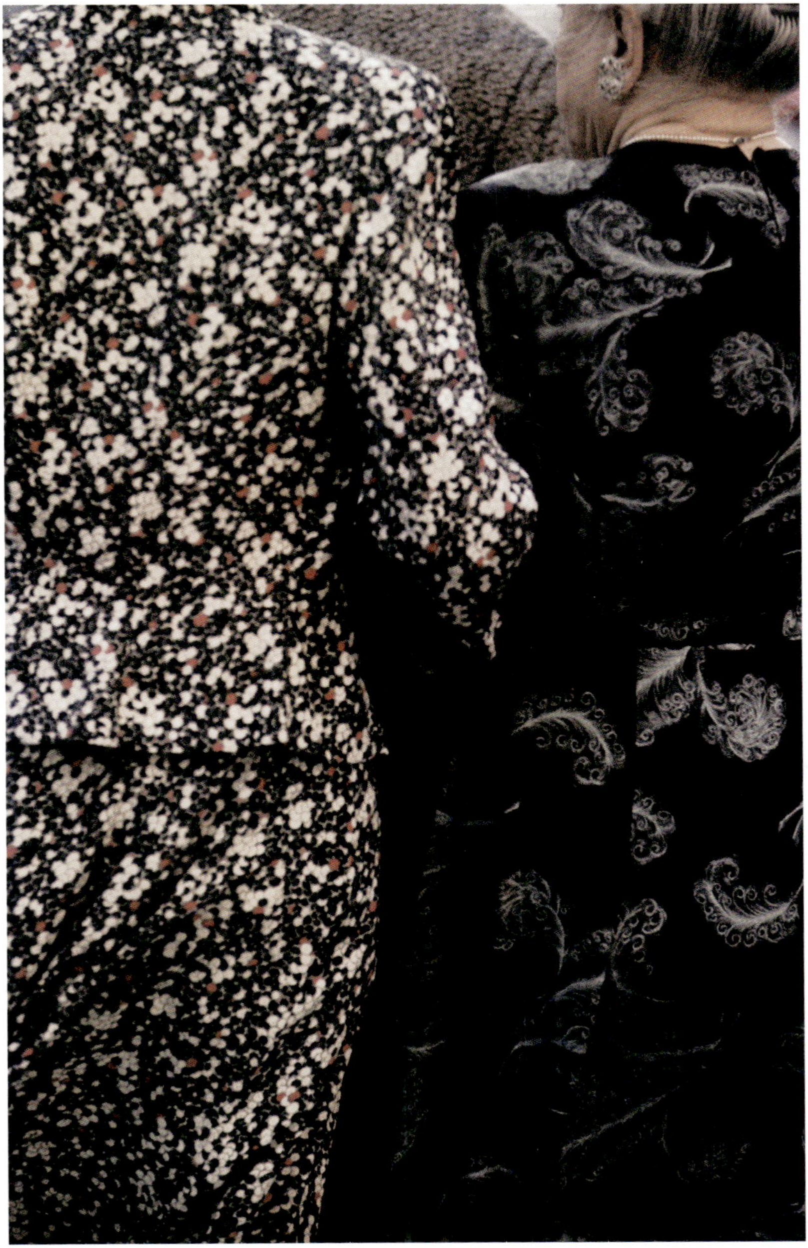

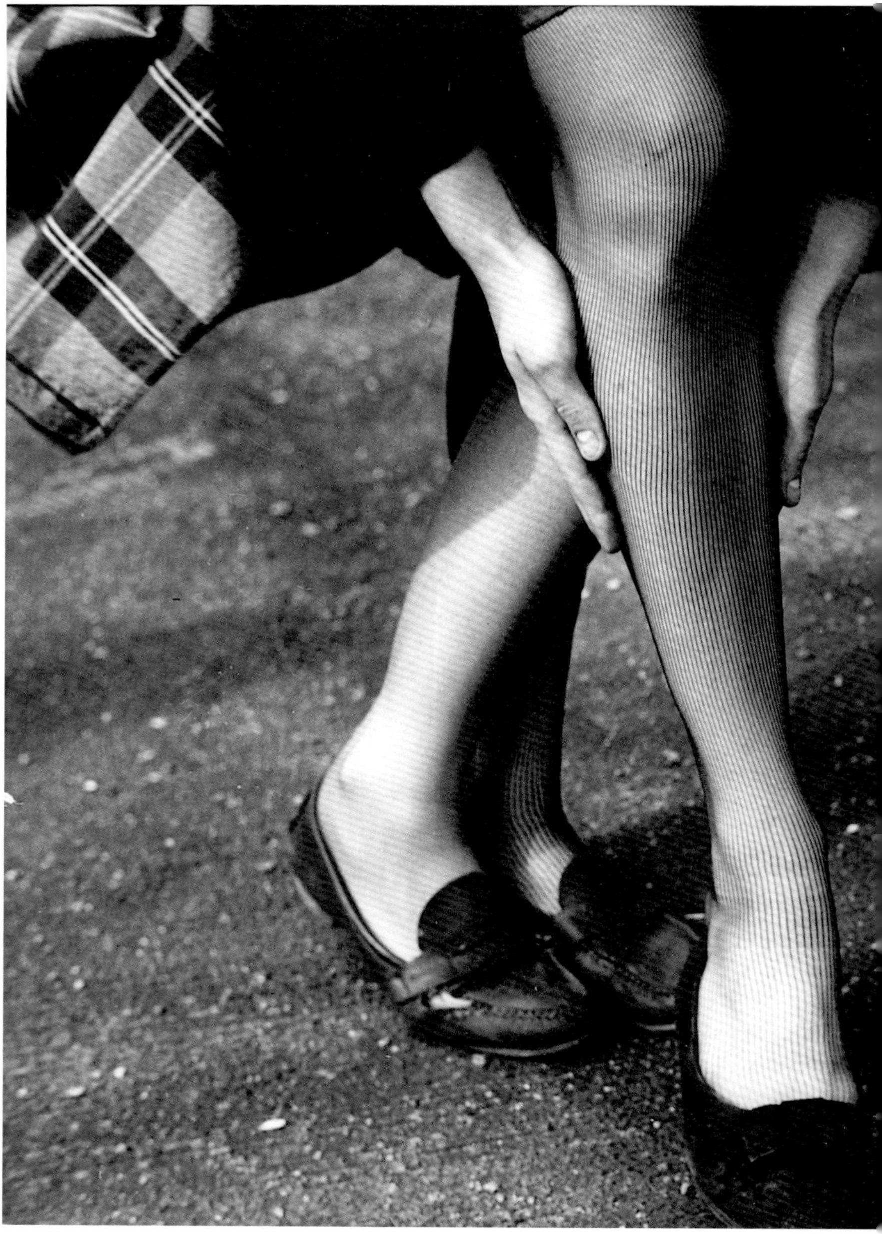

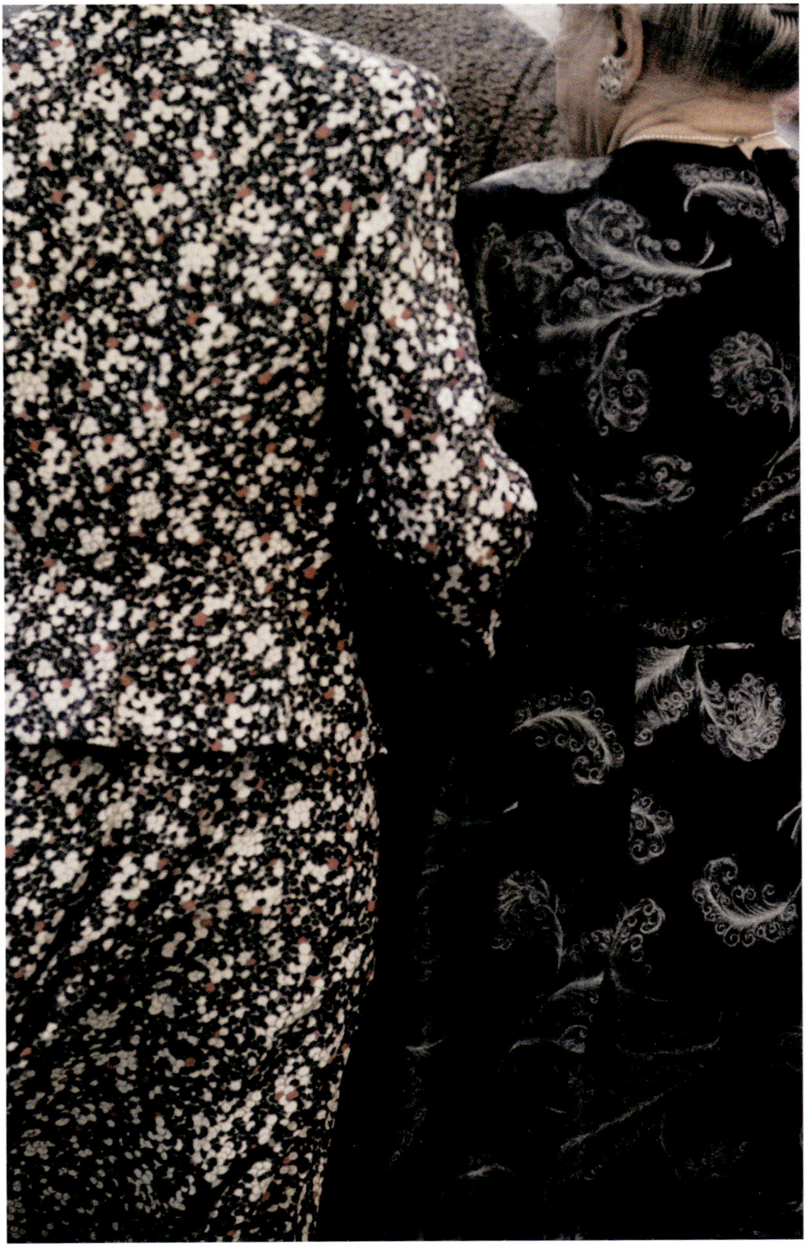

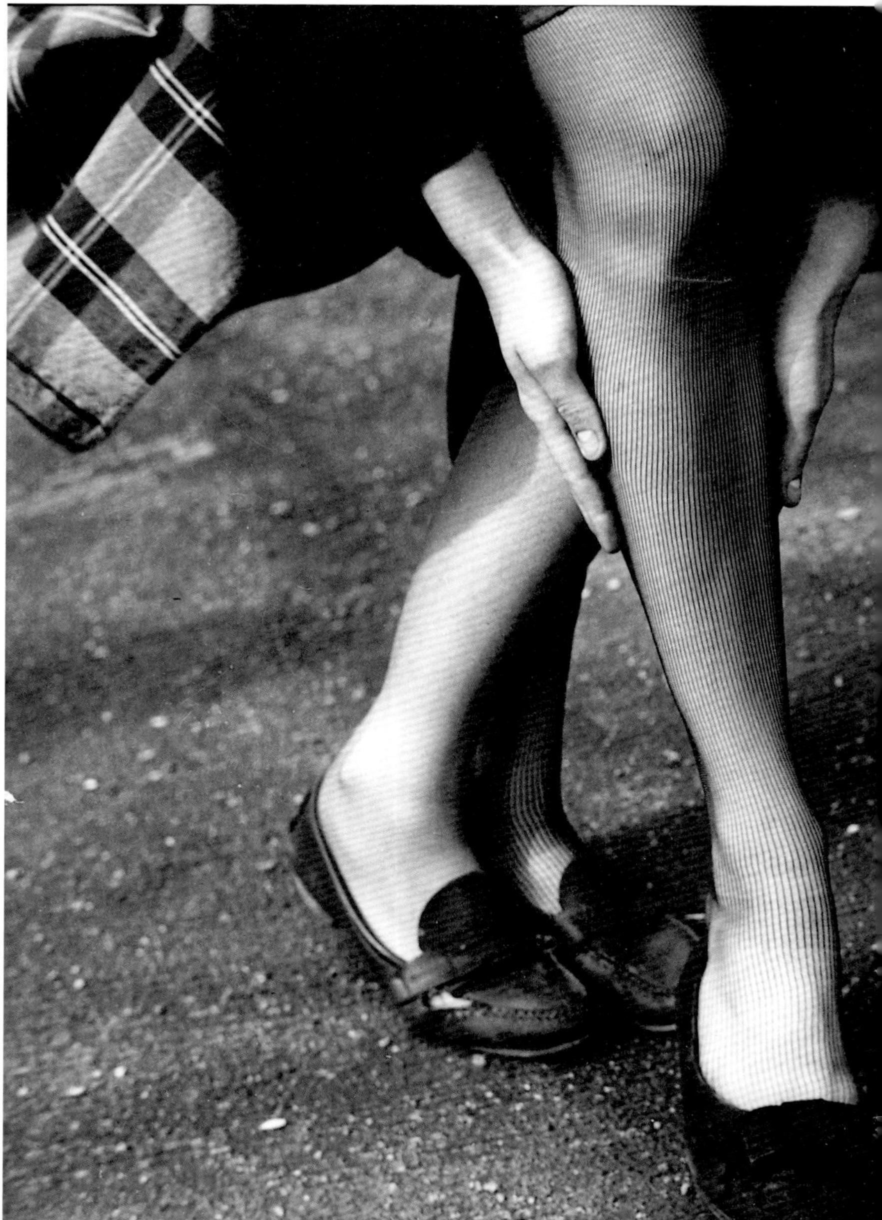

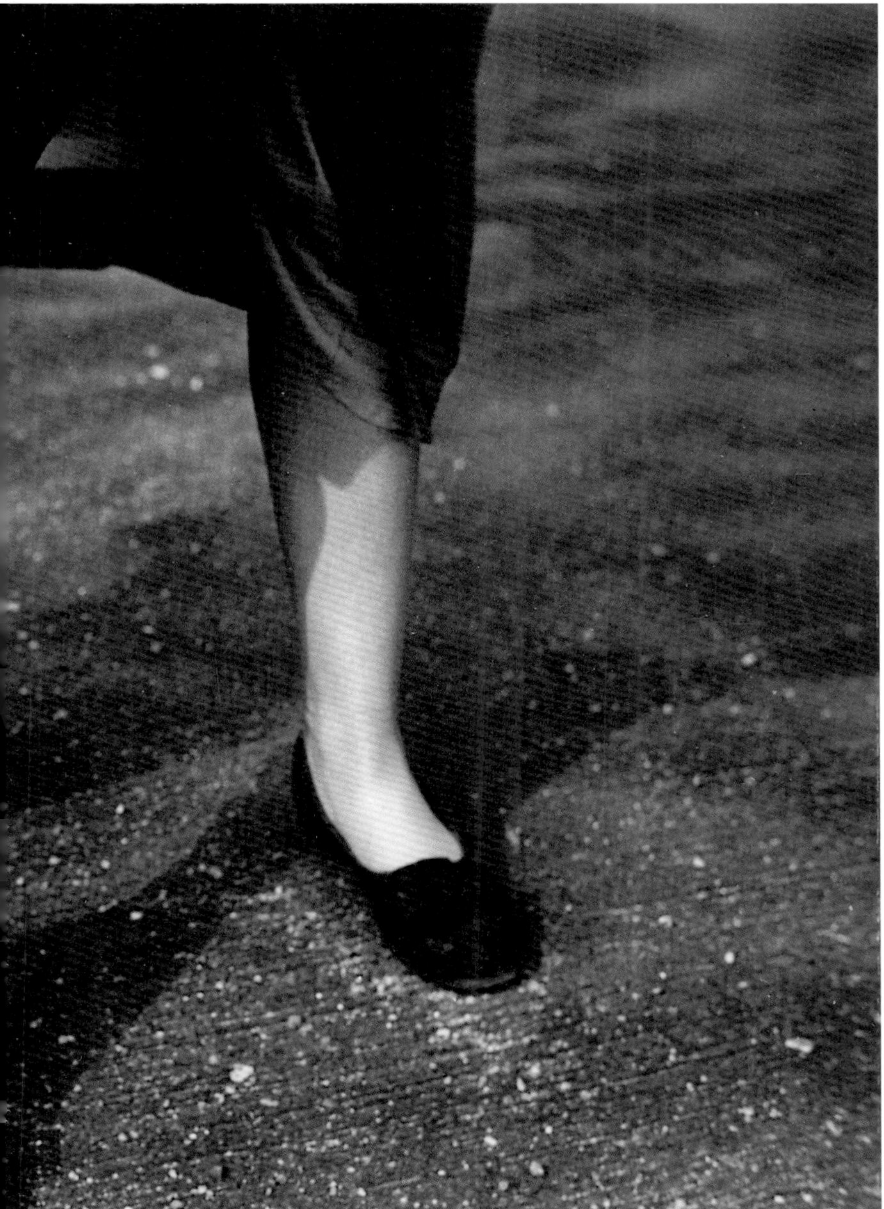

60. Mary Jane Russell (pour *Harper's Bazaar*), vers 1960.

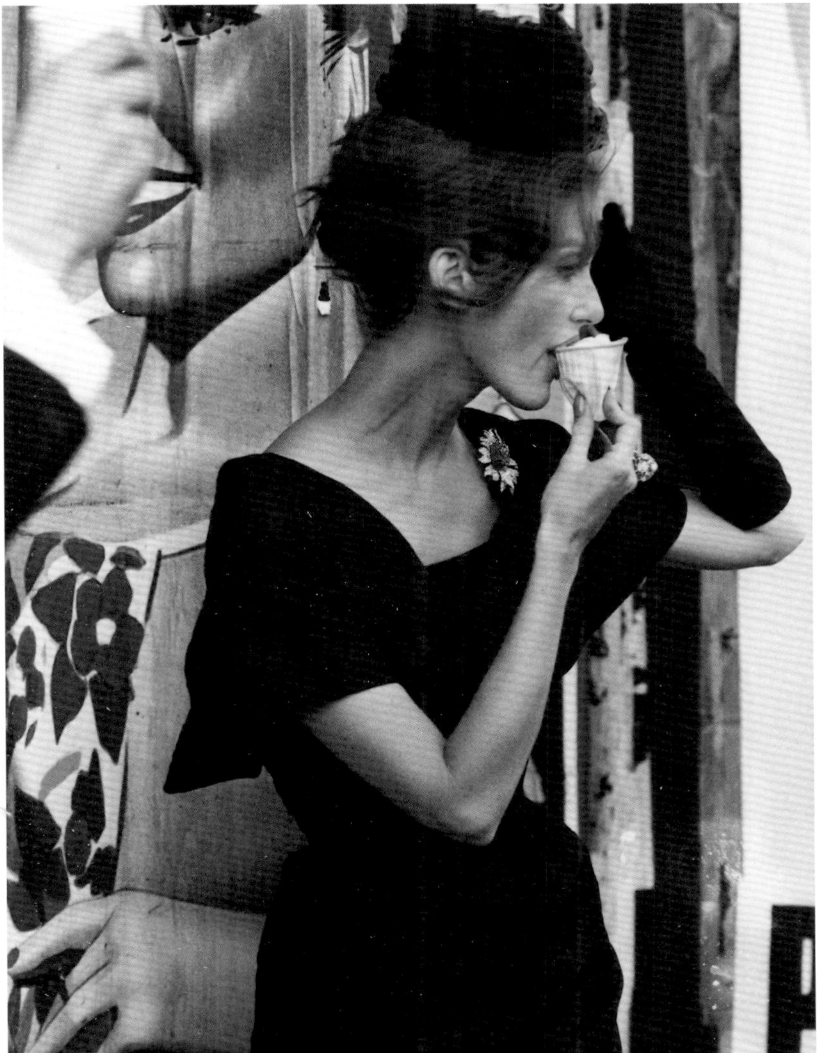

61. Les parapluies, vers 1947.

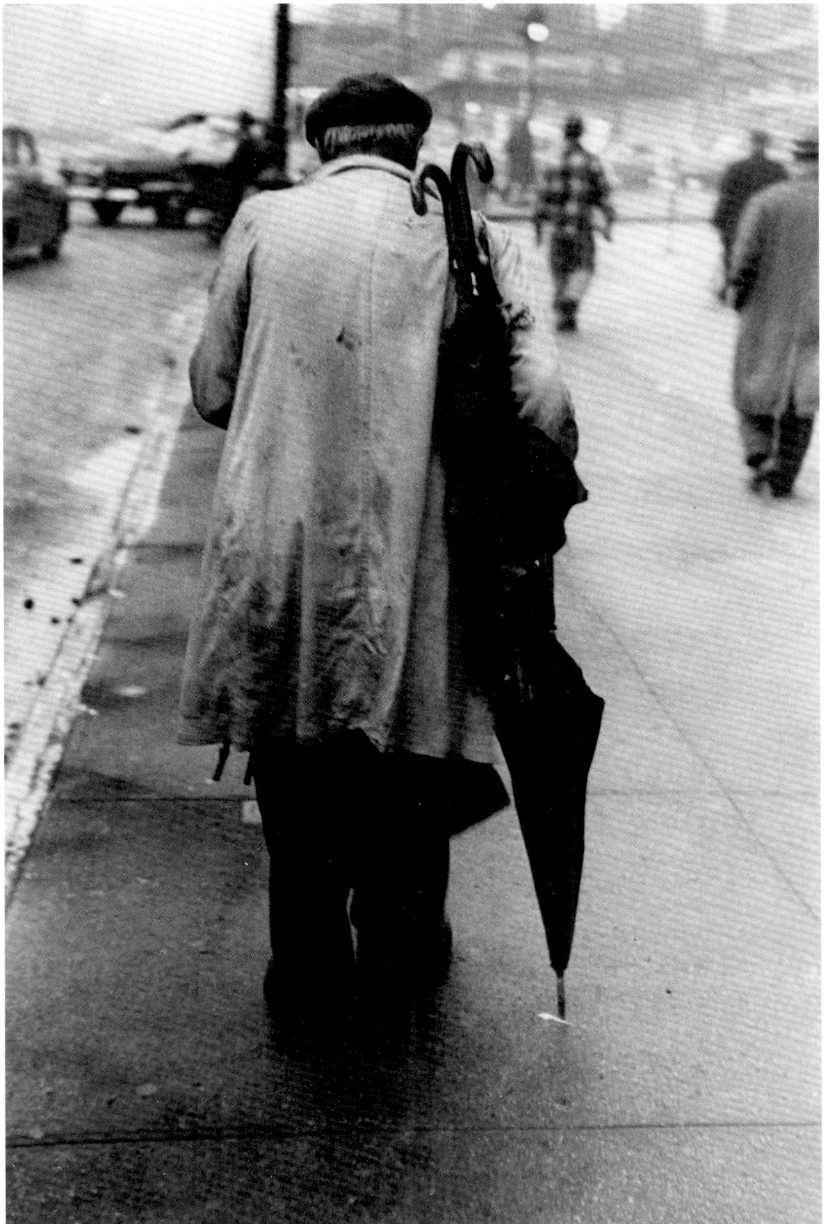

62. Le chapeau à fleurs, vers 1958.

Pages suivantes : 63. Chaussure, vers 1951.

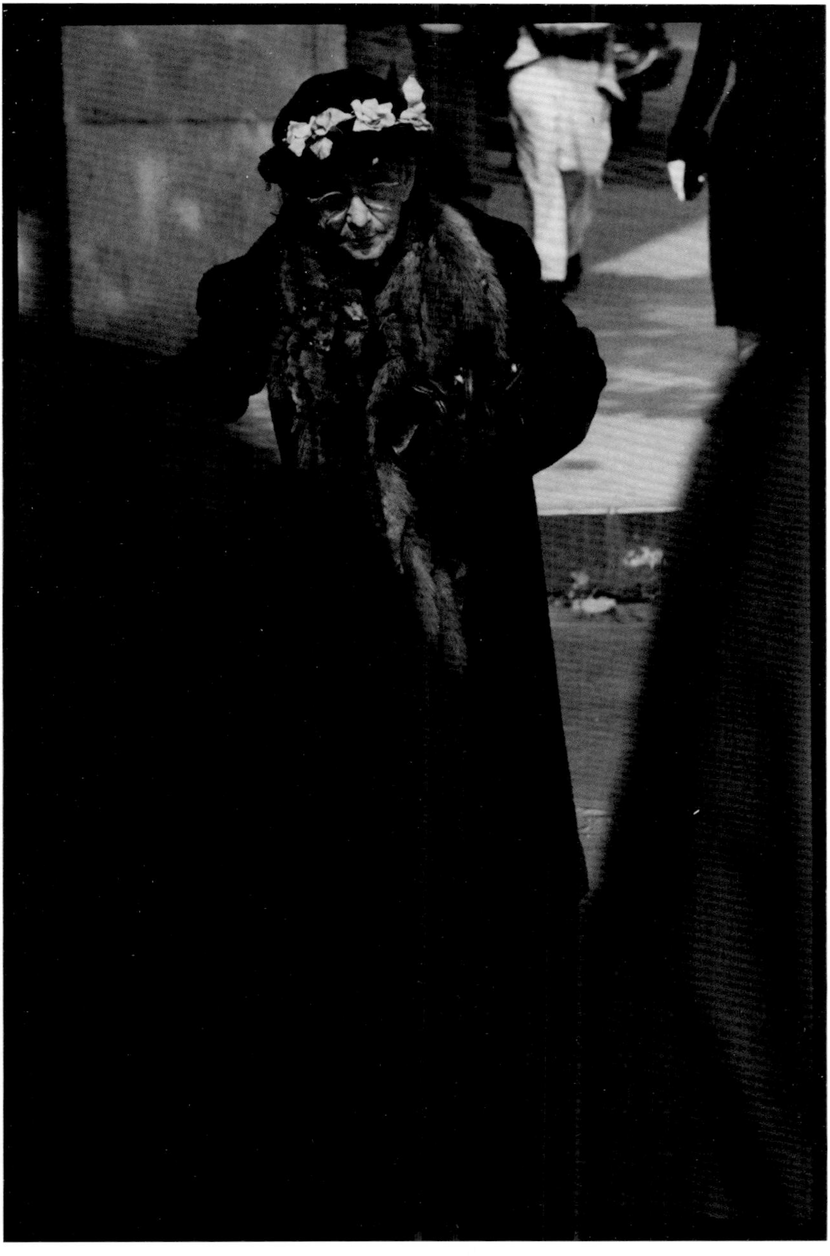

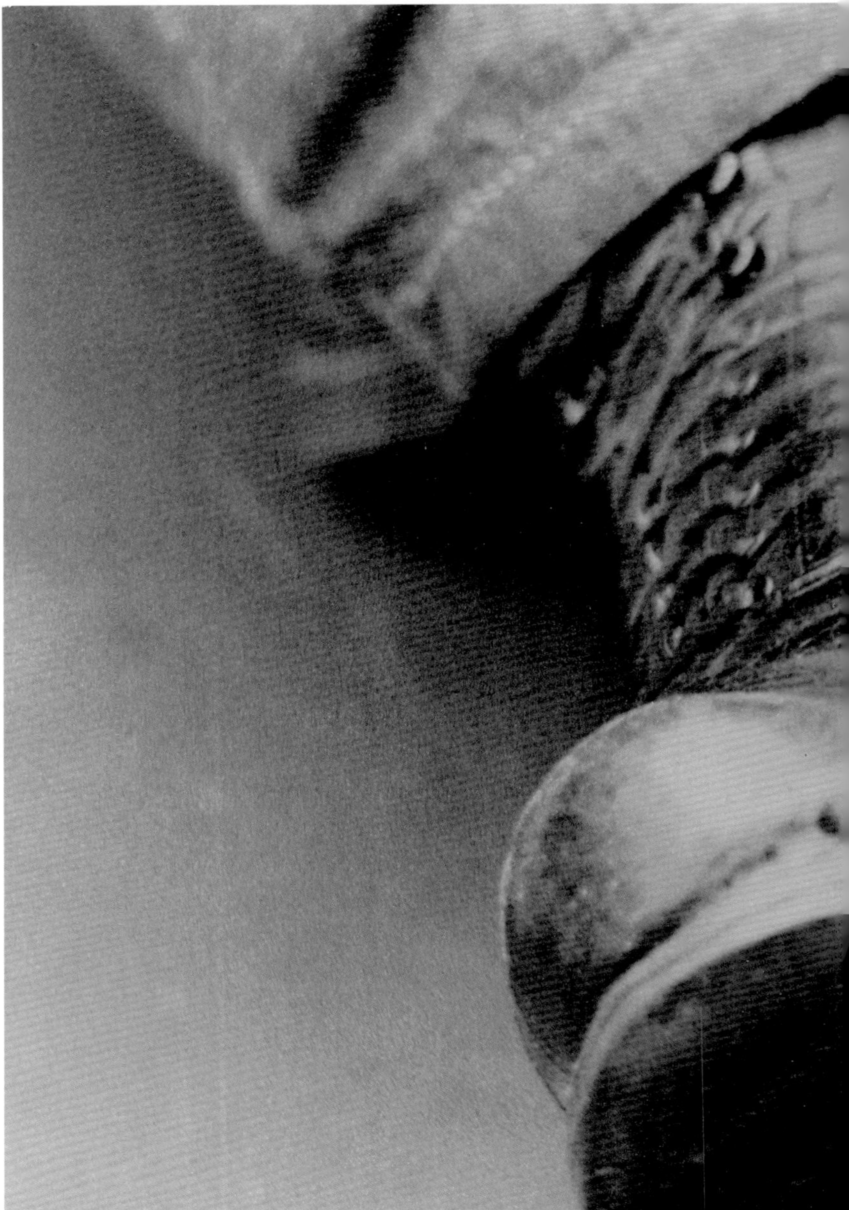

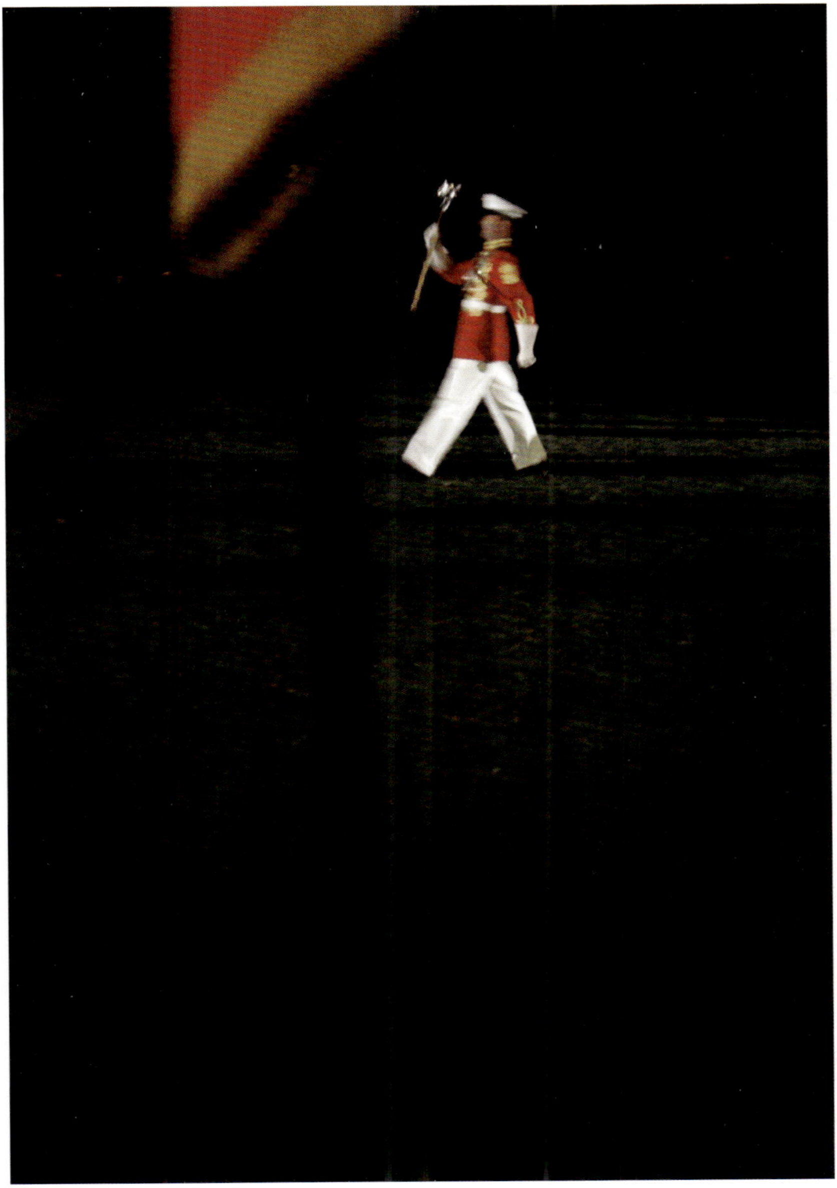

BIOGRAPHIE

1923. Naît à Pittsburgh, Pennsylvanie, Etats-Unis.

Années 1930. Etudie à la Talmudical Academy à New York.

Vers 1935. Sa mère lui offre un appareil Detrola et il commence à photographier sporadiquement.

Début des années 1940. Etudie au Telshe Yeshiva Rabbinical College à Cleveland, Etats-Unis.

1946. Abandonne le collège théologique de Cleveland et s'installe à New York pour devenir peintre. Rencontre le peintre expressionniste abstrait Richard Poussette-Dart dont l'œuvre nourrit son nouvel intérêt pour la photographie.

1947. Visite l'exposition d'Henri Cartier-Bresson au Museum of Modern Art de New York. Une de ses peintures figure dans l'exposition *Abstract and Surrealist American Art* à l'Art Institute of Chicago. Se lie d'amitié avec W. Eugene Smith qui lui offre le livre *Ballet* d Alexey Brodovitch. Quelques-unes de ses peintures sont exposées au Butler Institute of American Art, Youngstown, Ohio, Etats-Unis.

1951. *Life* publie sa série en noir et blanc, *The Wedding as a Funeral,* dans son numéro du 3 septembre.

1952. Déménage à la 10e Rue Est. Création de la coopérative Tanager Gallery.

1953. Des photographies en noir et blanc figurent dans l'exposition *Always the Young Strangers* au Museum of Modern Art de New York et à la Contemporary Photography du Tokyo Museum.

1957. Vingt de ses photographies en couleurs son présentées par Edward Steichen dans sa conférence *Experimental Photography in Color* au Museum of Modern Art de New York. Ses photos de mode sont publiées par Henry Wolf, directeur artistique de la revue *Esquire*.

1958. Commence à travailler pour *Harper's Bazaar* quand Henry Wolf en devient le directeur artistique.

1959. Voyage en Europe envoyé par *Esquire* pour photographier Gina Lollobrigida sur le tournage de *Salomon et la reine de Saba* à Madrid.

Fin des années 1950. Donne une conférence sur son travail en couleurs à "The Club", un centre d'art de l'East Village à New York.

Années 1960-1980. Poursuit son travail de photographie de mode publié dans *Harper's Bazaar*, *Elle*, *Show*, *Vogue* (anglais), *Queen* et *Nova*. D'autres photographies sont publiées dans les magazines *Life*, *US Camera*, *Photography Annual* et *Infinity*.

1981. Ferme son studio de photographie commerciale sur la 5e Avenue à New York.

Vers 1994. Reçoit un financement des papiers Ilford pour commencer à tirer son travail couleur en Cibachrome avec le laboratoire Laumont à New York.

2007. Continue à vivre, photographier et peindre à New York.

PRINCIPALES COLLECTIONS

Etats-Unis : Amon Carter Museum, Fort Worth ; Art Institute of Chicago ; Museum of Art, Baltimore ; Milwaukee Museum of Art ; Museum of Fine Arts, Boston ; Museum of Fine Arts, Houston ; Museum of Modern Art, New York ; National Gallery of Art, Washington ; Whitney Museum of American Arts, New York.
Europe : Albertina, Vienne ; Staatliche Museen, Berlin ; Victoria & Albert Museum, Londres.

1. Autobus, vers 1950.

1994. Howard Greenberg Gallery, New York.

1997. *Saul Leiter: In Color*, Martha Schneider Gallery, Chicago ; Howard Greenberg Gallery, New York.

2004. *Saul Leiter: In Color*, Staton Greenberg Gallery, Santa Barbara, Etats-Unis.

2005. *Saul Leiter: Early Color*, Howard Greenberg Gallery, New York.

2006. *In Living Color: Photographs by Saul Leiter*, Milwaukee Art Museum, Etats-Unis.
Saul Leiter: Color, Fifty One Fine Art Photography, Anvers, Belgique.
The Fashion Photographs of Saul Leiter, Festival international de mode et de photographie, Hyères, France.

2007. *Saul Leiter: Early Color*, University of Maine Museum of Art, Bangor, Etats-Unis.

2008. *Saul Leiter*, Fondation Henri-Cartier-Bresson, Paris.

Principales expositions collectives

1947. *Abstract and Surrealist Art*, Art Institute of Chicago, Etats-Unis.

1953. *Contemporary Photography*, Tokyo Museum, Tokyo.
Always the Young Stranger, Museum of Modern Art, New York.

1980. *Fashion Photographers*, Hastings/Rinhart Galleries, New York.

1991. *Appearances: Fashion Photography Since 1945*, Victoria & Albert Museum, Londres.

1994. *The New York School*, Dean Jensen Gallery, Milwaukee, Etats-Unis.

1995. *By Night*, Fondation Cartier, Paris.

1996. *Delirium*, Ricco/Maresca Gallery, New York.

1998. *Look at Me, Fashion and Photography in Britain 1960 to the Present*, exposition itinérante en Europe organisée par le British Council.

2002. *New York: Capital of Photograph*
The Jewish Museum, New York.
New York Scene: Ted Croner, Sid Grossman, Saul Leiter and Leon Levinstein, Howard Greenberg Gallery, New York.
Visions from America: Photographs from the Whitney Museum of American Art 1940-2001, The Whitney Museum of American Art, New York.

2006. *Color Photography*, Amon Cart
Museum, Etats-Unis.
The Streets of New York, National Gallery of Art, Washington.

2007. *Pieces of a City*, Tibor de Nagy Gallery, New York.
Mapping the City, Stedelijk Museum Amsterdam.
When Color Was New, Art Institute of Chicago, Etats-Unis.

BIBLIOGRAPHIE

Ouvrages et catalogues d'exposition

Appearances: Fashion Photography Since 1945, texte de Martin Harrison, Rizzoli, Londres, 1991.

The New York School: Photographs 1936-1963, texte de Jane Livingston, Stuart, Tabori and Chang, New York, 1992.

Saul Leiter, Early Color, texte de Martin Harrison, Steidl, Göttingen, Allemagne, 2006.
In Living Color: Photographs by Saul Leiter, texte de Lisa Hostetler, Milwaukee Art Museum, 2006.

A Century of Colour Photography: From the Autochrome to the Digital Age, texte de Pamela Roberts, Andre Deutsch, Londres, 2007.

Saul Leiter, Early Black and White, texte de Martin Harrison, Steidl, Göttingen, Allemagne, 2008.

Périodiques et magazines

Rob Cowley, "Saul Leiter's World", *Infinity*, septembre 1961, p. 13-15.

Martin Harrison, "Saul Leiter Rediscovered", *The Correspondent Magazine*, 12 novembre 1989, p. 14-20.

Vince Alleti, "Shadows and Fog", *The Village Voice*, 9 février 1993, p. 79.

A. D. Coleman, "Focusing on a Lesser-Known Cohort of Avedon and Arbus", *The New York Observer*, 8 février 1993.

A. D. Coleman, "Letter From: New York, n°41", *PhotoMetro*, avril 1993, p. 28.

Margarett Loke, "Saul Leiter, Howard Greenberg Gallery", *Artnews*, septembre 1993, p. 174.

Jerry Tallmer, "Still Time to Develop", *The New York Post*, 29 janvier 1993.

Michael Koetzle, "Saul Leiter: Color has its own Qualities", *Leica World*, janvier 2000.

William Meyers, "When the World Stopped Being Black & White", *The New York Sun*, 22 décembre 2005.

Roberta Smith, "Saul Leiter: Early Color", *The New York Times*, 30 décembre 2005.

Isabel Best, "Saul Man", *British Journal of Photography*, août 2006, p. 13-15.

Stephen Maine, "Color Pioneer", *Art in America*, avril 2006, p. 78-79.

Richard B. Woodward, "Ten Undervalued Masters of Photography", *Art + Auction*, février 2006.

Jane Gottlieb, "In Living Color, The unassuming Saul Leiter finally and reluctantly steps into the limelight", *Photo District News*, janvier 2007, p. 37-39.

Max Kozloff, "Saul Leiter's Elegance", *Matador*, volume J, printemps 2007.

EXPOSITIONS

Principales expositions individuelles

1944. Ten Thirty Gallery, Cleveland, Etats-Unis.

1945. The Outlines Gallery, Pittsburgh, Etats-Unis.

1947. Butler Institute of American Art, Youngstown, Etats-Unis.

Années 1950. Samuel Koontz Gallery, New York.

1956. Tanager Gallery, New York.

1984. Gallery Lafayette, New York.

1985. Gallery Lafayette, New York.

1993. Howard Greenberg Gallery, New York.